essentials

essentials liefern aktuelles Wissen in konzentrierter Form. Die Essenz dessen, worauf es als „State-of-the-Art" in der gegenwärtigen Fachdiskussion oder in der Praxis ankommt. essentials informieren schnell, unkompliziert und verständlich

- als Einführung in ein aktuelles Thema aus Ihrem Fachgebiet
- als Einstieg in ein für Sie noch unbekanntes Themenfeld
- als Einblick, um zum Thema mitreden zu können

Die Bücher in elektronischer und gedruckter Form bringen das Expertenwissen von Springer-Fachautoren kompakt zur Darstellung. Sie sind besonders für die Nutzung als eBook auf Tablet-PCs, eBook-Readern und Smartphones geeignet. essentials: Wissensbausteine aus den Wirtschafts, Sozial- und Geisteswissenschaften, aus Technik und Naturwissenschaften sowie aus Medizin, Psychologie und Gesundheitsberufen. Von renommierten Autoren aller Springer-Verlagsmarken.

Reingard Jäger

Multi-Channel im stationären Einzelhandel

Ein Überblick

Dr. Reingard Jäger
Bischofswerda
Deutschland

ISSN 2197-6708   ISSN 2197-6716 (electronic)
essentials
ISBN 978-3-658-13026-8   ISBN 978-3-658-13027-5 (eBook)
DOI 10.1007/978-3-658-13027-5

Die Deutsche Nationalbibliothek verzeichnet diese Publikation in der Deutschen Nationalbibliografie; detaillierte bibliografische Daten sind im Internet über http://dnb.d-nb.de abrufbar.

Springer Gabler

Gedruckt auf säurefreiem und chlorfrei gebleichtem Papier

Springer Fachmedien Wiesbaden ist Teil der Fachverlagsgruppe Springer Science+Business Media
(www.springer.com)

Was Sie in diesem Essential finden können

- Erläuterung der zentralen Begriffe aus der Welt des „Multi-Channel"
- Überblick über die Entwicklung und die Zusammenhänge von „Multi-Channel-Vertrieb" und „Multi-Channel-Kommunikation"
- Darstellung der zu meisternden Herausforderungen und der vorhandenen Potenziale für Multi-Channel-Händler
- Einblick in die Anforderungen für ein erfolgreiches „Multi-Channel-Konzept"
- Praxisbeispiele für gelungene Umsetzungen moderner Handelsformate

Vorwort

Die Bedrohung des klassischen stationären Einzelhandels durch die vielfältigen Möglichkeiten des „Onlineshoppings", aber auch die damit verbundenen Potenziale durch die neuen Verbindungen zum Kunden werden viel diskutiert. Zahlreiche Veröffentlichungen beschäftigen sich mit den einzelnen Problemstellungen dieser Entwicklung.

Dieses Essential richtet sich gleichermaßen an Fachkräfte der Wirtschaft aus dem Einzelhandelssektor oder aus dem Marketingumfeld und an alle Interessierten dieser Thematik. Es will in praxisnaher und leicht verständlicher Form einen Überblick schaffen, wie sich die Handelslandschaft in den letzten Jahrzenten veränderte, welche Auswirkungen die neuen technologischen Möglichkeiten auf die einzelnen Unternehmensbereiche besitzen und wie diese gemeistert und genutzt werden können. Dabei sollen die wichtigsten Fachbegriffe übersetzt und im Kontext erläutert werden.

Ein besonderes Anliegen dieser Veröffentlichung ist es, auch kleinen und mittelständischen Händlern die Bereiche aufzuzeigen, welche ihnen das Internet bietet, um auf das veränderte Konsumentenverhalten reagieren und wettbewerbsfähig gegenüber den Einzelhandelskonzernen und dem Onlinehandel bleiben zu können.

Inhaltsverzeichnis

Einführung

1

> Verbraucher wollen sowohl online als auch offline einkaufen. Der stationäre Handel hat eine Zukunft. Aber er muss sich auch im Web bewegen, denn Kunden wollen beides. Und das nahtlos. Multi-Channel muss Wirklichkeit werden. [...] Der hybride Kunde, er ist Wirklichkeit. (Haufe Online Redaktion 2015)

Dieses Zitat ist das Ergebnis einer international angelegten Studie zum Thema Multi-Channel-Marketing, welche exklusiv in „acquisa" (Fachzeitschrift für Marketing und Vertrieb vom Haufe Verlag) veröffentlicht wurde. Es beschreibt die Veränderung von im Einzelhandel bereits bisher genutzten Mehrkanalsystemen (z. B. Kombination von Versand- und stationärem Handel) hin zu **Multi-Channel-Konzepten**, begründet durch das rasante Wachstum des Onlinehandels. Ein-Kanal-Händler kämpfen gegen Umsatzverluste durch Kanalwechsel. Diese Situation stellt für den stationären Einzelhandel derzeit wahrscheinlich die größte Herausforderung seit Einführung der Selbstbedienung im Jahr 1938 dar. Gleichzeitig ist sie aber auch eine große Chance, denn Multi-Channel-Händler profitieren enorm von diesem Trend. Dabei liegt Deutschland in seiner Entwicklung deutlich hinter Händlern aus dem englischsprachigen Raum zurück und es existieren noch ungenutzte Potenziale (Heineman 2015, S. V).

Das Medium „Internet" prägte die Gesellschaft in den letzten 20 Jahren durch eine bisher nie da gewesene Geschwindigkeit in der Entwicklung. Zu Beginn dieser Ära im „New-Economy-Boom" der 1990er Jahre, entwickelte in kürzester Zeit jedes zweite Unternehmen eine eigene Firmenhomepage und bereits 1995 eröffneten erste Onlineshops wie Amazon und eBay. Der Erfolg war zu dieser Zeit noch begrenzt durch relativ wenige Nutzer auf Grund langsamer und teurer Datenleitungen. Anfang der 2000er platzte die sogenannte „Dotcom-Blase" und der Onlinehandel geriet vorübergehend ins Stocken. Mit der Einführung größerer Bandbreiten und günstiger Datentarife entwickelte sich dieser aber schnell und nachhaltig. Einen weiteren Entwicklungsschub erfuhr der E-Commerce in der Phase des

© Springer Fachmedien Wiesbaden 2016
R. Jäger, *Multi-Channel im stationären Einzelhandel*, essentials,
DOI 10.1007/978-3-658-13027-5_1

sogenannten Web 2.0 Mitte der 2000er. Durch die Möglichkeiten, für Nutzer eigene Inhalte oder ganze Webseiten ins Netz zu stellen und eigene Profile in sozialen Medien zu erstellen, entstand eine neue Dimension des Internetzeitalters. Weiteres Wachstum erfährt die Internetnutzung derzeit durch die zunehmende Verbreitung mobiler Endgeräte. Der geschätzte Umsatz im deutschen Onlinehandel stieg von 1,3 Mrd. € im Jahr 1999 auf 39 Mrd. € bis zum Ende des Jahres 2013 (HDE e. V. 2014).

ARD/ZDF Onlinestudie 2014

Laut der aktuellen ARD/ZDF Onlinestudie nutzen im Jahr 2014 bereits 79,1 % der deutschen Bevölkerung ab 14 Jahre das World Wide Web und rund 63 % sogar täglich. Dabei ist das Potenzial in den jüngeren Zielgruppen weitgehend ausgeschöpft und künftiges Wachstum nun nur noch in der älteren Generation zu erwarten (ARD/ZDF-Medienkommission 2014).

Begriffsabgrenzung

2.1 Stationärer Einzelhandel

▶ **Stationärer (Einzel-)Handel** „Stationärer **Handel** ist der Sammelbegriff für Handelsbetriebe mit festem Standort im Gegensatz zum ambulanten Handel" (IFH retail consultans GmbH 2014a). Erfolgt ein Ladenverkauf an Endverbraucher, wird vom „**stationären Einzelhandel**" gesprochen.

Hierbei kommt das Residenzprinzip zum Tragen, d. h., der Kaufvorgang findet am Standort des Verkäufers (dessen Residenz) statt. Der Käufer bewegt sich zum Verkäufer (Gabler Wirtschaftslexikon o. J.a).

Die Anforderungen an Multi-Channel-Konzepte variieren je nach Betriebstyp und Standort. Dabei geraten die traditionellen Betriebstypen zusätzlich verstärkt unter Druck, durch die sogenannten Vertikalisten und von Herstellern in Eigenregie betriebenen stationären Geschäfte, wie z. B. Flagshipstores und Factory Outlets. Die Tab. 2.1 gibt einen Überblick über die wichtigsten Betriebstypen des stationären Einzelhandels.

Die Wahl eines geeigneten Betriebstyps zählt zu den zentralen strategischen Entscheidungen, die ein Handelsunternehmen zu treffen hat und besitzt wesentliche Auswirkungen auf die Konkurrenzfähigkeit. Der Einzelhandel ist gegenüber anderen Wirtschaftszweigen von hoher Dynamik geprägt. Der starke Wettbewerb führt oft zu steigender Konzentration, Verdrängung traditioneller Betriebstypen und Marktanteilsgewinnen größerer oder preisaggressiver Betriebstypen. Die Veränderungen in der Handelslandschaft unterliegen einem immer wieder zu beobachtenden Zyklus. Demzufolge lassen sich meist vier Phasen unterscheiden (bereits 1931 erstmals beschrieben durch McNair) (Gittenberger et al. 2012, S. 218 ff.)

© Springer Fachmedien Wiesbaden 2016
R. Jäger, *Multi-Channel im stationären Einzelhandel,* essentials,
DOI 10.1007/978-3-658-13027-5_2

Tab. 2.1 Gängige Betriebsformen des stationären Einzelhandels

Traditionelle Betriebstypen	Food- und Near-Food-Betriebstypen	Neuere Betriebstypen (siehe Abschn. 3.1)
Warenhaus	SB-Warenhaus	Vertikalisten
Kaufhaus	Verbrauchermarkt	Flagshipstore
Fachmarkt	Supermarkt	Factory Outlet
Fachgeschäft	Discounter	Showroom
Kiosk	Traditionelles	Pop-up-Store
Automatenhandel	Nachbarschaftsgeschäft (Tante-Emma-Laden)	Sharing-Anbieter
Einkaufszentrum (Agglomeration div. Betriebstypen)		

> **„Wheel of Retailing"**
> - **Entstehung** innovativer Betriebsformen
> - **Aufwertung** durch Gewinnung von Marktanteilen und Verbesserung von Sortiment und Service
> - **Annäherung** an traditionelle Betriebstypen bzw. Kopie des neuen Konzepts durch traditionelle Betriebstypen
> - **Integration oder Rückzug/Verdrängung** durch neue erfolgreiche Konzepte

Auch die Phasen des (Produkt-)Lebenszykluskonzepts können bezogen auf den Umsatz auf das Auftreten und Verschwinden diverser Betriebsformen übertragen werden (siehe Abb. 2.1.).

Die immer komplexere Einzelhandelslandschaft und das Aufkommen einer Vielzahl von neuen Betriebstypen sowie Abwandlungen traditioneller Formen erschweren Klassifizierungen und die Abgrenzung von Entwicklungsphasen. Von „Multiformat-Händlern" (Sohl und Rudolph 2012, S. 26) wird gesprochen, wenn ein Handelskonzern je nach Standort unterschiedliche Formate innerhalb einer Dachmarke und/oder gänzlich verschiedene Betriebstypen betreibt.

> **Multiformat-Händler REWE Group**
>
> *Rewe* (Vollsortiment-Supermärkte), *Rewe Center* (große Vollsortiment-Supermärkte), *Rewe CITY* (kleine Vollsortiment-Supermärkte), *Rewe to go* (Convenience Shop)
>
> *Nahkauf* (Franchise geführte Nahversorger), *Penny* (Discounter), *TEMMA – T(ante) EMMA* (Bio-Produkte/Feinkost), *toom* (Getränkemarkt)

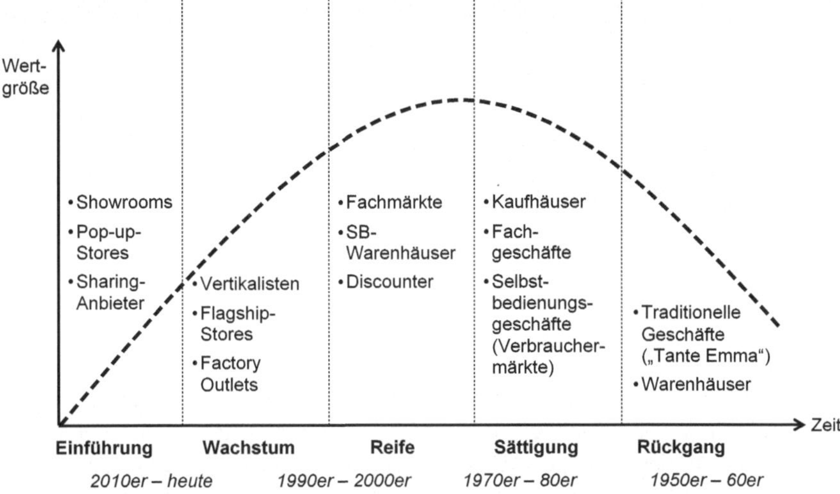

Abb. 2.1 Lebenszyklus der Betriebstypen des stationären Einzelhandels

Immer wieder ist im Konsumgütermarkt zu beobachten, wie Unternehmen durch vertikale Integration der vor- oder nachgelagerten Betriebsstufe versuchen, unabhängiger und effizienter zu agieren. Hersteller v. a. im Bekleidungssortiment versuchen seit langem, die zunehmende Marktmacht des Handels einzudämmen, indem sie eigene Verkaufsstellen eröffnen (z. B. „Flagship-Stores" oder „Factory Outlets") als direkte Konkurrenz zu ihren Absatzmittlern. Der Handel wiederum erlangt durch die Produktion von Eigenmarken/Handelsmarken ein Stück mehr Unabhängigkeit von seinen Lieferanten. Auch durch vertraglich festgelegte Kooperationen wie „Shop-in-Shop"-Systeme oder Franchisingmodelle werden Produktionsstufen vertikal verbunden.

Als „Vertikalisten" werden Marken bezeichnet, welche von Beginn an alle Stufen der Wertschöpfungskette von der Produktentwicklung über die Produktion bis hin zum Vertrieb ausschließlich in eigenen Shops (z. B. H&M, ZARA und Mango) in Eigenregie bearbeiten. Über Produkt-, Preis-, Kommunikations- und Distributionspolitik kann der Unternehmer schnell und eigenständig entscheiden. Durch den direkten Kontakt zum Endabnehmer am POS (Point of Sale/Verkaufsort) ohne zwischengeschaltete Institutionen wie Absatzmittler lassen sich in deutlich höherer Geschwindigkeit und kostengünstiger neue Sortimente auf den Markt bringen und können dem Kunden zum Kauf angeboten werden. Dadurch entsteht für traditionelle Hersteller und Händler auch von dieser Seite neuer Zeit- und Kostendruck (Zentes 2012, S. 89 ff.).

Neue Einzelhandelskonzepte, welche sich vor allem auch durch die fortschreitende Entwicklung des Multi-Channel-Handels bilden (z. B. No-Line-Handel, Showrooming, Pop-up-Shops) werden im Abschn. 3.1 „Entwicklung des Multi-Channel-Handels" vorstellt.

Die nähere Betrachtung der besonderen Herausforderungen für kleine und mittelständische Formate erfolgt im Abschn. 3.5 „Potenziale für Innenstädte und ihre Einzelhändler".

2.2 Multi-Channel-Marketing

▶ **Multi-Channel-Handel und Multi-Channel-Marketing** Multi-Channel-Handel bzw. Multi-Channel-Retailing findet neben dem stationären „Residenzprinzip" auch in weiteren Kanälen nach dem „Distanzprinzip" statt. Für diese gilt: Der Kaufvorgang findet weder persönlich am Standort des Käufers noch persönlich am Standort des Verkäufers statt, sondern wird bei räumlicher Trennung von Verkäufer und Käufer über unpersönliche Kommunikationsmittel abgewickelt (Gabler Wirtschaftslexikon o.J.b). **Multi-Channel-Marketing** ist der Versuch, unterschiedliche Kundengruppen mit jeweils angepassten Instrumenten der Kommunikations-, Distributions-, Produkt- und Preispolitik auf unterschiedlichen Kanälen zu erreichen. Die Kanäle sind dabei miteinander verknüpft, mit dem Ziel, positive Wechselwirkungen zu erzeugen.

Der obige Definitionsvorschlag erfolgte in Anlehnung an Stiller (2015). Eine befriedigende Definition für den Begriff „Multi-Channel-Marketing" findet sich in der einschlägigen Literatur allerdings nicht, da in den meisten Fällen nur ein Teil der vier klassischen Marketinginstrumente (Product, Price, Promotion, Place) beleuchtet wird. Vorzugsweise handelt es sich dabei um die Kommunikations- (Promotion) oder Distributions-/Vertriebspolitik (Place).

Place – Distribution
Hier stehen die Begriffe „Multi-Channel-Handel" bzw. „Multi-Channel-Retailing" für die Distributionspolitik eines Anbieters als Teil eines Multi-Channel-Marketingkonzeptes. Die möglichen Vertriebskanäle können in Off- und Online-Angebote unterteilt werden. Hinsichtlich dieser Unterteilung lassen sich für den Einzelhandel folgende wesentliche Formen des Multi-Channel-Retailings unterscheiden:

- **Pure Player:** Vertrieb ausschließlich über einen Onlineshop bzw. verschiedene Onlinedistributionskanäle (z. B. eBay, Amazon)
- **Bricks & Clicks:** Kombination aus stationären Geschäften (Bricks) und einem Onlineshop (Clicks), z. B. Saturn
- **Clicks & Sheets:** Kombination aus einem Onlineshop sowie traditionellem Katalogversand (Sheets), z. B. Baur
- **Bricks, Clicks & Sheets:** Kombination aus stationären Geschäften, einem Onlineshop sowie traditionellem Katalogversand, z. B. Sport-Scheck

(Schramm-Klein 2012, S. 426)

Promotion – Kommunikation

Auch die Kommunikationspolitik verändert sich entscheidend durch die neuen technologischen Möglichkeiten (siehe Abschn. 3.3 „Chancen, Risiken und Herausforderungen"). Einem Unternehmen steht neben den traditionellen eine Vielzahl neuer Kommunikationskanäle zur Verfügung. Neue Techniken und Formate für die klassischen Werbemittel und -träger und zusätzliche Kanäle für das Direktmarketing vergrößern zum einen das mögliche Portfolio. Zum anderen bietet das Web eine schier unendliche Vielfalt an neuen Wegen, um mit bestehenden Kunden Kontakt zu halten oder neue zu gewinnen. Ob durch Newsletter, auf der eigenen Homepage, durch Verlinkungen, Bannerwerbung auf fremden Seiten oder in sozialen Netzwerken, die Herausforderung besteht darin, den richtigen Mix zwischen Off- und Onlinekanälen zu bestimmen. Vor allem auf den Social-Media-Plattformen sind die im Internet zu findenden Informationen über ein Unternehmen von den Verantwortlichen kaum noch zu steuern, sondern werden weitgehend durch die Nutzer bestimmt. Das daraus erwachsende stärkere soziale Verantwortungsbewusstsein von Unternehmen ist ein positiver Effekt der Entstehung dieser Vielfalt an Informationskanälen für Konsumenten und Öffentlichkeit.

Product – Produkt

Die Chancen, durch den technischen Fortschritt eine wachsende Anzahl verschiedener Kundensegmente mit unterschiedlichen Distributions- und Kommunikationskanälen zu erreichen, führt im Umkehrschluss zu Veränderungen in der Sortimentsbreite und -tiefe sowie den Serviceleistungen, zugeschnitten auf einzelne Zielgruppen oder Kanäle. Eine Flut unterschiedlicher Produktvarianten seitens der Hersteller und auch bei den eigenen Handelsmarken erschwert die Sortimentsgestaltung für die Absatzmittler. Auch die Möglichkeiten zur maßgeschneiderten Produktkonfiguration im Konsumgütermarkt („Mass Customization") stellen neue

Herausforderungen an das Verkaufspersonal, die Lieferanten und die interne Logistik. Für einen konsistenten kanalübergreifenden Auftritt bedarf es Anstrengungen, das gewünschte Produkt in allen Bereichen verfügbar zu halten oder unterschiedliche Produktangebote und Preise zwischen den Kanälen zu begründen.

Price – Preis
Die hohe Wirkungsstärke und die schnelle Wirkungsgeschwindigkeit machen die Preispolitik zu einem der zentralen Ergebnistreiber für einen Multi-Channel-Händler und sind für eine intelligente Verzahnung aller Kanäle immer relevanter. Gestiegene Preistransparenz durch die digitale Welt geht zu Lasten der Kundenbindung und führt zu Preiskämpfen und Preisverfall.

Im Bereich der Preis- bzw. Kontrahierungspolitik geht es u. a. darum, ob – und wenn ja wie – Preis und Preiskomponenten (z. B. Zusatzkosten für Lieferung oder sonstigen Service ebenso wie Rabatte und Boni) für einzelne Kanäle unterschiedlich gewählt werden sollten. Das Ziel ist es, die voneinander abweichenden Zahlungsbereitschaften in den unterschiedlichen Phasen des Produktlebenszyklus bzw. in den unterschiedlichen Kundengruppen oder in unterschiedlichen Kaufsituationen durch Preisdifferenzierungen zu berücksichtigen, um das bestmögliche Ergebnispotenzial auszuschöpfen. Es stellt sich die Frage, inwieweit der Händler in der Lage ist, mit „dynamischem Pricing" kurzfristig auf sich verändernde Bedingungen zu reagieren. Vor allem größere Multi-Channel-Händler haben für sich Methoden und Algorithmen gebildet, mit welchen sie ihre Preise kurzfristig immer wieder den aktuellen Gegebenheiten anpassen. Sie kombinieren hierbei die unterschiedlichen Wege der Preisbildung (kundenorientiert, kostenorientiert, wettbewerbsorientiert). So fließen zum einen eigene Bestands- und Abverkaufsdaten im Abgleich zu Verkaufsprognosen anhand von Preis-Absatz-Funktionen und errechneten Preiselastizitäten in die Preisentscheidung ein. Zum anderen werden Wettbewerbspreise berücksichtigt, welche entweder durch eigene Erhebungen oder durch den Ankauf von Preisinformationen bei Dienstleistern ermittelt werden. Letztendlich kann es dabei zu unterschiedlichen Preisen innerhalb der einzelnen Kanäle, wie dem Katalog, in den Filialen und im Onlineshop kommen. Diese Situation könnte wiederum zu Verunsicherung bei den Konsumenten führen kann, sollten Unterschiede nicht nachvollziehbar begründet werden (Gruber und Stüben 2013, S. 99 ff.).

Darüber hinaus stellt sich im Rahmen der Kontrahierungspolitik die Frage, welche Zahlungsverfahren für die unterschiedlichen Distributionswege angeboten werden sollen. Die Palette der Möglichkeiten ist auch hier groß. Die wichtigsten und verbreitetsten Wege sind Barzahlung, Zahlung auf Rechnung, Vorauskasse, Nachnahme, Überweisung, Lastschriftverfahren, Abbuchung über die Kreditkarte oder Onlineverfahren wie PayPal, ClickandBuy und Giropay.

Das Unternehmen muss letztendlich innerhalb aller vier Marketinginstrumente unter Kosten- und Erlös- sowie Imageaspekten entscheiden, welche Kanäle es wie nutzen und welche Mittel es in die einzelnen investieren will. Im Folgenden werden die wesentlichen Problemstellungen für Multi-Channel-Konzepte ausführlicher betrachtet.

Bedeutung von Multi-Channel-Konzepten für den Einzelhandel

3.1 Entwicklung des Multi-Channel-Handels

„Mehrkanalsysteme", wie die Kombination von Versand- und stationärem Verkauf, kennt die Einzelhandelsbranche bereits sehr lange. Das Erscheinen des ersten Versandkatalogs von „Timothy Eaton" (größte Warenhauskette Kanadas) wird auf das Jahr 1884 datiert. Auch in Deutschland wurden bereits während der Weimarer Republik kleinere Versandkataloge herausgegeben. Die zweite Gründungswelle begann nach dem Zweiten Weltkrieg. Beispielsweise stieg 1948 das Textilkaufhaus Neckermann in das Versandgeschäft ein.

Ein regelrechter Phasensprung erfolgte mit der dynamischen Entwicklung des Internets sowie der Entstehung des Onlinehandels in den 1990er Jahren (siehe Abb. 3.1). Der Begriff **„Multi-Channel"** etabliert sich und die parallele Nutzung der neuen Vertriebs- und Kommunikationskanäle wird jetzt zum zentralen Wettbewerbsvorteil, um Kunden den Wunsch zu erfüllen, während der unterschiedlichen Phasen eines Einkaufs zwischen verschiedenen Möglichkeiten zu wechseln (Heinemann 2015, S. VII).

Inzwischen ist die Entwicklung des E-Commerce so weit fortgeschritten, dass zumindest für größere Unternehmen ganzheitliche Multi-Channel-Konzepte als Voraussetzung gesehen werden können, um sich langfristig am Markt zu behaupten. Diese Entwicklung wird sich mit der immer schnelleren Internetgeschwindigkeit, der weiteren Qualitäts- und Quantitätssteigerung von Onlineangeboten sowie der Weiterentwicklung und -verbreitung mobiler Endgeräte und Social-Media-Plattformen weiter verschärfen. Das Institut für Handelsforschung prognostiziert eine erneute Verdreifachung des online getätigten Umsatzes in Deutschland von ca. 27 Mrd. € im Jahr 2013 auf 77 Mrd. € im Jahr 2020 (siehe Abb. 3.2). Laut der aktuellen Studie beträgt der Onlineanteil am Einzelhandelsumsatz mittlerweile 9,4 % (IFH retail consultans GmbH 2014b). Über die Hälfte aller deutschen Bürger

© Springer Fachmedien Wiesbaden 2016
R. Jäger, *Multi-Channel im stationären Einzelhandel,* essentials,
DOI 10.1007/978-3-658-13027-5_3

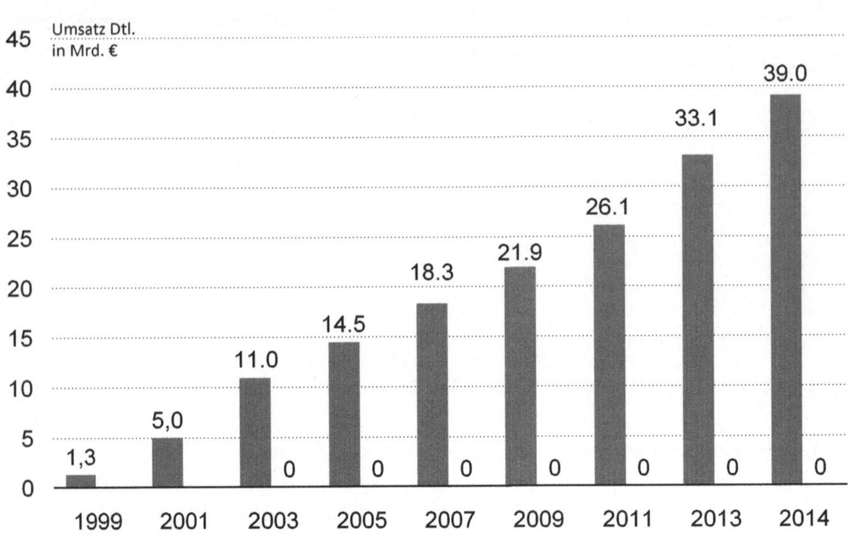

Abb. 3.1 Entwicklung des Umsatzes im Onlinehandel in Deutschland zwischen 1999 und 2014. (Quelle: HDE e. V. 2014)

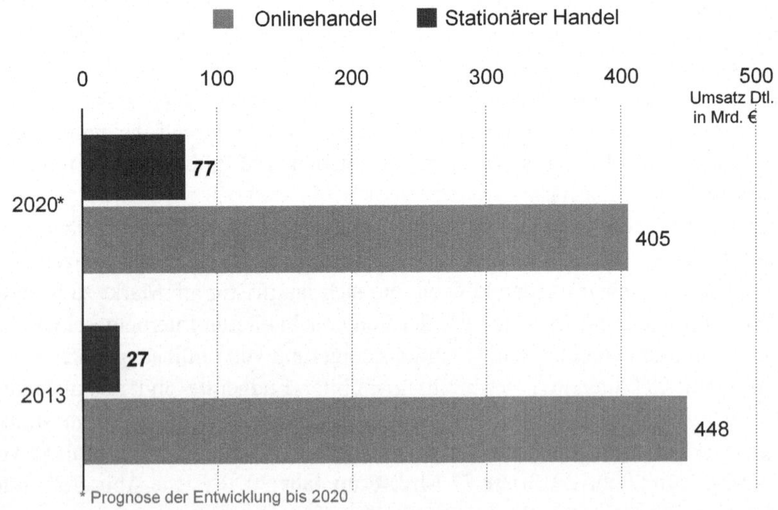

Abb. 3.2 Prognose zur Entwicklung der Umsätze des Onlinehandels in Deutschland bis 2020. (Quelle: IFH Köln 2014)

hat bereits einmal im Internet eingekauft, 16 % tun dies regelmäßig (ARD/ZDF-Medienkommission 2014).

Neben dem eigenen Onlineshop existieren weitere Onlinevertriebskanäle von Drittanbietern. So können beispielsweise elektronische Marktplätze (z. B. Amazon) oder Auktionsplattformen (z. B. eBay) mit verhältnismäßig kleinem Aufwand und geringeren Wechselwirkungen auf andere Unternehmensbereiche genutzt werden, um neue Märkte zu erschließen. Die Nutzung solcher externer Anbieter zum Verkauf der eigenen Produkte im Internet stellt vor allem auch für kleine und mittelständische Händler eine Alternative zu einem aufwändigen eigenen Onlineangebot dar (siehe Abschn. 3.5 „Potenziale für Innenstädte und ihre Einzelhändler").

Allerdings beginnt sich auch hier langsam ein Gegentrend zur wachsenden Bedeutung des Internets im Einzelhandelssektor zu etablieren. Reine Onlinehändler erkennen und reagieren verstärkt auf die Bedeutung des Einkaufserlebnisses in der realen Welt und den Wunsch der Konsumenten, zwischen beiden Welten zu wechseln. Das Marktforschungsinstitut Innofact befragte Anfang 2015 im Auftrag von eBay 301 Betreiber von Onlineshops in Deutschland. Rund 60 % davon eröffneten neben dem Onlinehandel auch ein stationäres Ladengeschäft (Hell 2015). Darüber hinaus entstehen viele neue stationäre Konzepte. Ein „Pop-up-Shop" beispielsweise ist ein kurzfristiges und provisorisches Einzelhandelsgeschäft, das vorübergehend in leerstehenden Geschäftsräumen oder ähnlich wie ein Messestand bei Events betrieben wird. Das Ziel besteht darin, meist entweder Neuheiten und Innovationen vorzustellen, Lagerware abzuverkaufen oder zur Hauptsaison (z. B. Weihnachten) zusätzliche Verkaufsfläche zu nutzen. Innovative Händler beginnen, den Zweck des POS (Abk. für engl. Point of Sale = Ort für Verkaufstransaktionen) grundsätzlich zu überdenken. Die freien Ladenflächen durch geringere Vorratshaltung können genutzt werden, um durch Erweiterung des Sortiments „Kombi-Stores" entstehen zu lassen. Oder Läden können beispielsweise eher als Erlebniswelten genutzt werden, in denen Kunden Produkte sehen und ausprobieren können. „Showrooming" bedeutet somit die stationäre Vorbereitung des Onlineeinkaufs (z. B. um neue Kollektionen anzuschauen, Spielwaren auszuprobieren, Produktproben zu testen oder Inhalte zu vergleichen) (Mei-Pochtler und Hepp 2013, S. 90). Am digitalen POS ist es dann möglich, entweder gleich am stationären Terminal, mit dem eigenen Smartphone, mobilen Endgeräten des Händlers oder mit Hilfe anderer Technik den gewünschten Artikel in eine Filiale oder direkt nach Hause zu bestellen. Dies erfolgt beispielsweise über das Scannen von Artikelnummer, QR-Code bzw. über eine Onlinerecherche der Bestandsdaten (Heinemann 2015, S. 49). Ein völlig neues Verständnis von stationärem Onlineeinkaufen testete „Tesco" mit großem Erfolg im Juli 2011 in Südkorea. Die britische, weltweit vertretene Supermarktkette installierte ihren ersten virtuellen Shop. Um die Wartezeit in der U-Bahn sinnvoll zu nutzen und Zeit für den Lebensmitteleinkauf

Online		Offline
Onsite	Offsite	
• Homepage • Verlinkung Newsletter	• Elektronische Marktplätze • Auktionsplattformen • Social Media	• Stationäre Betriebstypen des Einzelhandels → Showrooming* • Versandhandel • Direct Mailings • Hotline

Abb. 3.3 Kanäle der Kundeninteraktion: online vs. offline & onsite vs. offsite. (Quelle: in Anlehnung an Heinemann 2015, S. 50 f.)

zu sparen, wurden Bahnhöfe mit Produktfotos in Originalgröße auf Plakatwänden ausgestattet. Mit dem Einscannen von QR-Codes, beispielsweise mit Hilfe eines Smartphones, können die Artikel erworben und an die Wunschadresse geliefert werden (Biermann 2011).

Auch das Konsumverhalten an sich unterliegt Veränderungen. Die Geschwindigkeit, mit der neue Produkte und Folgeversionen den Markt erobern, aber auch ein Wertewandel und ein zunehmendes Bewusstsein für eine nachhaltigere, umweltfreundlichere Lebensweise veranlassen Menschen, die digitalen Möglichkeiten zu nutzen, um bestimmte Produkte nicht neu zu kaufen sondern zu tauschen („Sharing"). Eines der bekanntesten Konzepte ist das „Carsharing", überwiegend in Großstädten zu finden. Aus dem Sharinggedanken lassen sich ebenfalls neue Erlöskonzepte entwickeln.

Dabei sind die Off- bzw. Onlinevertriebswege nahezu untrennbar mit den Multi-Channel-Kommunikationswegen verbunden, wie Abb. 3.3 verdeutlicht. Die möglichen Kanäle der Kundeninteraktion sowohl im Vertrieb als auch in der Kommunikation lassen sich in Online- vs. Offline- und Onsite- vs. Offsitekundenkontaktpunkte (Customer Touchpoints) systematisieren (siehe Abschn. 4.1 „Kundenzufriedenheit erreichen").

3.2 Entwicklung der Multi-Channel-Kommunikation

Der Erfolg eines Distributionskanals kann allerdings bei Weitem nicht allein am Umsatz gemessen werden. Die vielfältigen Auswirkungen in allen Bereichen des Marketings besitzen ebenfalls eine entscheidende Bedeutung. Parallel zu den weitreichenden Veränderungen und neuen Möglichkeiten des Vertriebs revolutionierte sich im gleichen Zug auch die Kommunikation von (Handels-) Unternehmen mit ihren Kunden durch den immer größeren Einfluss des Internets sowie damit verbundene Technik und die entsprechenden Geräte auf das alltägliche Leben. Wer (auch als kleineres Wirtschaftsunternehmen) nicht zumindest über einen Sucheintrag im Internet zu finden ist, wird von der Öffentlichkeit nahezu nicht mehr wahrgenommen. Suchmaschinenoptimierung, so dass die eigenen Webseiten im Suchmaschinenranking auf möglichst hohen Plätzen erscheinen, ist eine zentrale Aufgabe der Unternehmenskommunikation. In einer Untersuchung gaben 39 % der Befragten an, ihren stationären Einkauf im Internet vorzubereiten (Planung & Analyse 2014). Galt lange Zeit das Sprichwort: „Wer nicht wirbt, der stirbt", kann heute der Spruch „Web oder stirb" (Hoffmann 2015, S. 14) die Beziehung zu den neuen Medien verdeutlichen.

Im Zeitalter der **Massenkommunikation** übermittelte ein Sender (Händler) seine Botschaft (Werbung, Public Relation) noch über klassische Massenkommunikationsmedien (Print, TV, Radio) einseitig an ein disperses Publikum. Die steigende Informationsflut und damit Überlastung der Empfänger (Kunden, Öffentlichkeit) forderte bald eine neue Art der Interaktion. Unternehmen setzten verstärkt auf **Dialogkommunikation** (Mailings, Newsletter, SMS) mit einem Präsenzpublikum (oftmals Kundenkartenbesitzer). Diese erhielten zusätzliche Vorteile (Coupons, Gewinnspiele) und direkte Rückkopplungsmöglichkeiten (Telefonhotline, E-Mail oder Kontaktformular). Das Sammeln von Kundendaten begann.

Vor allem in der Phase des Web 2.0 erfolgte ein Paradigmenwechsel der Kommunikationsabläufe und der dazugehörigen Kommunikationsmittel. Die aufkommenden Möglichkeiten für Internetnutzer, selbst Wissen und persönliche Informationen im Netz zu veröffentlichen und Nachrichten, Bilder, Musik oder andere Inhalte mit der Internetcommunity zu teilen, stellte den Kontakt von kommerziellen Anbietern zu privaten Nutzern auf den Kopf. Erstmals besitzen die Sender nicht mehr die Kontrolle darüber, welche Informationen von ihnen und über sie in der Öffentlichkeit wahrgenommen werden und welche nicht. Die viralen Effekte, welche durch die Nutzung der **Multi-Channel-Kommunikation** entstehen, nehmen teilweise ein beachtliches Ausmaß an. Darin liegen einerseits große Potenziale, wenn die Zielgruppe interessante Produkte, guten Service und die Markenbotschaft eines Händlers mit ihren Freunden teilt und diese ebenfalls solche Empfehlungen an ihre Bekannten weiterleiten. Mund-zu-Mund-Propaganda zeichnet sich schon immer durch größere Glaubwürdigkeit aus als von Unternehmen „aufgezwungene" Botschaften. Die neue Chance, dass sich gewünschte Informationen auf diese Art multiplizieren, birgt aber auch deutliche Risiken. Erfahrungsgemäß verbreiten sich negative Nachrichten häufig schneller als positive. Und ein einmal ins Rollen gekommener „Shitstorm" lässt sich nahezu nicht mehr kontrollieren. Aber viele Unternehmer und Händler nutzen diese Plattformen für ihre Zwecke immer professioneller. Sie betreiben Banner- und Pop-up-Werbung auf von der Zielgruppe stark frequentierten Seiten. Sie legen eigene Firmenprofile an und forcieren den Austausch von Werbebotschaften in Umgebungen wie Facebook, so dass bereits vom „F-Commerce = Facebook-Commerce" gesprochen wird (Heinemann 2015, S. 50). Durch den direkten Kontakt zu einzelnen Kunden bzw. Kundengruppen besteht auch die Chance für Unternehmen, sich direkt Rückmeldungen zu holen, auf Beschwerden sofort individuell zu reagieren und Kundenwünsche bei der Kreation neuer Produkte und Services abzufragen.

Kundenbewertungen für einzelne Produkte oder Anbieter, Beurteilungen in den sozialen Netzwerken, Rankings und Gütesiegel für Onlineverkäufer (z. B. „Trusted Shops") können dem Nutzer die Entscheidung im Angebotsdschungel erleichtern. Das Zusammenspiel von Offlinewerbemaßnahmen, welche auch auf das Onlineangebot hinweisen oder umgekehrt, sind entscheidende Herausforderungen für die neue Unternehmenskommunikation. Technische Voraussetzung für die reibungslose Kundenkommunikation ist die Optimierung der eigenen Webseite und des Facebookprofils für die Nutzung auf mobilen Geräten.

3.3 Chancen, Risiken und Herausforderungen

Bei der Einführung bzw. Ausweitung eines Multi-Channel-Konzeptes geht es vor allem darum, neue Absatzgebiete zu erschließen und neue Zielgruppen zu gewinnen, aber auch den veränderten Bedürfnissen bisheriger Kunden gerecht zu werden. Die Überlegungen für einen stationären Händler, einen neuen Kommunikations- und/oder Distributionskanal zu nutzen oder zu erweitern, gehen mit diversen Chancen und Risiken einher (Wirtz 2013, S. 318).

Chancen
- Erhöhte Marktabdeckung durch Gewinnung neuer Zielgruppen
- Kundenbindung durch verschiedene Möglichkeiten der Erreichbarkeit und umfassende Betreuung im Rahmen eines CRM-Konzeptes (Abk. für engl. „Customer Relationship Management" = Kundenbindungsmanagement)
- Cross Selling durch passgenaue Zusatz-/Folgeangebote
- Umsatz-/Gewinnsteigerung

Risiken
- Komplexitätszunahme
- Kannibalisierungseffekte
- Absatzkanalkonflikte
- Kontrollverlust
- Verwirrung/Überforderung von Kunden und Mitarbeitern

Daraus ergeben sich unabhängig von Branche, Betriebstyp und Varietät des Multi-Channel-Systems einige zentrale Anforderungen an das Management der unterschiedlichen Kanäle (Heinemann 2011, S. IX).

Herausforderungen
- Kundenzufriedenheit erreichen (Kanalkonsistenz sicherstellen und Kundenkontaktpunkte optimieren)
- Markenmanagement konsequent umsetzen als Voraussetzung für hohe Wiedererkennung und Kundenbindung
- Kundenbindungskonzept etablieren
- Cross-Selling-Potenziale realisieren
- Datennutzungskonzept verwirklichen, zur effizienten Aufbereitung und Nutzung der elektronischen Kundendaten (Data Mining)
- Methoden zur Erfolgskontrolle entwickeln
- Kooperation vertiefen mit Herstellern und anderen Teilnehmern der Logistikkette (Supply-Chain-Management) für ein kanalübergreifendes Kundenbindungskonzept (ECR – Efficent Consumer Responce)
- Auswirkung auf andere Unternehmensbereiche managen

In Kap. 4 sollen die Anforderungen zur Erreichung von Kundenzufriedenheit und der damit einhergehenden Realisierung von Cross-Selling-Potenzialen näher beleuchtet werden. Des Weiteren werden die Voraussetzung zur effizienten Datennutzung und Kooperation mit Herstellern und anderen Partnern behandelt.

Abb. 3.4 Prozesskette eines Handelsunternehmens

3.4   Auswirkungen auf andere Unternehmensbereiche

Wenn sich Vertriebswege erweitern und Kommunikationskanäle an Komplexität zunehmen, entstehen auch weitreichende neue Wechselwirkungen in allen anderen Prozessen der Wertschöpfungskette. Abbildung 3.4 skizziert die Prozesskette eines Handelsunternehmens und ist der Versuch, die vielfach ineinander verzahnten Unternehmensbereiche und -prozesse vereinfacht darzustellen.

Die Umstellung eines Unternehmens auf Multi-Channel-Konzepte erfordert die Neuausrichtung der **Kernprozesse** und damit ein tiefes Verständnis der Absatz- und Beschaffungsmärkte sowie aktueller politischer, ökonomischer, gesellschaftlicher und technischer Veränderungen. In erster Linie ist es von entscheidender Bedeutung, seine Kundengruppen und deren jeweilige Bedürfnisse zu kennen. Darüber hinaus bedarf es grundlegender Kenntnisse über den Wettbewerb, um die übergreifende strategische Positionierung danach zu gestalten und passende Angebote (Produkte und Services) entwickeln zu können.

Kernfunktionen wie Planung, Einkauf, Logistik und Lagerhaltung bis hin zu Verkaufsförderung, Werbung und Service müssen über Abteilungsgrenzen hinweg für alle Vertriebskanäle eng zusammenarbeiten. Lieferanten und Händler sind gezwungen, noch stärker zu kooperieren (siehe Abschn. 4.5 „Supply-Chain-Management").

Im Rahmen der **Supportfunktionen** bedarf es bei allen beteiligten Abteilungen und Partnern einer genauen Organisationsanalyse und einer daraus resultierenden -neugestaltung, um die Organisationsstruktur zu verändern und an neue Gegebenheiten anzupassen. So sollten beispielsweise die Finanzierung und das Rechnungswesen in dem gesamten Informationssystem integriert werden, in welchem bestenfalls Lieferantenmanagement, Warenwirtschaftssystem und Kundeninformationen von allen Kanälen zusammenfließen (siehe Abschn. 4.4 „Datenmanagement"). Im Personalwesen muss dafür gesorgt werden, einerseits die vorhandenen Mitarbeiter für die veränderten Aufgaben und Gegebenheiten zu schulen sowie andererseits dafür neue qualifizierte Fachkräfte einzustellen. Das Personalmarketing kann sich ebenfalls einer Vielzahl Kanäle bedienen, um als attraktiver Arbeitgeber in Erscheinung zu treten. Durch den stetigen technologischen Fortschritt stehen die Mitarbeiter eines Unternehmens vor der Herausforderung, anspruchsvollere Aufgaben zu bewältigen. Im Handel schaffen beispielsweise die elektronische Preisauszeichnung und Selbstscankassen Freiraum für das Verkaufspersonal (Mei-Pochtler und Hepp 2013, S. 83). Dieser sollte bestenfalls für die Bewältigung der zunehmenden Komplexität in einem Multi-Channel-Unternehmen und für höherwertige Beratung der Kunden im stationären Geschäft statt zur Einsparung von Personalkosten genutzt werden.

Dieses Change-Management (Veränderungsmanagement) stellt eine Entwicklung dar, welche nicht von heute auf morgen stattfinden kann. Es empfiehlt sich, nicht alles auf einmal zu wollen, sondern die Implementierung und Integration nur Schritt für Schritt – Kanal für Kanal – durchzuführen. Das reduziert die Komplexität und erhöht die Erfolgswahrscheinlichkeit.

3.5 Potenziale für Innenstädte und ihre Einzelhändler

Ein weit verbreitetes Vorurteil besteht darin, dass Multi-Channel-Aktivitäten nur für größere Handelsunternehmen sinnvoll seien und nur dort rentabel umgesetzt werden können. Aber gerade kleine und mittelständische Betriebe dürfen die digitalen Entwicklungen nicht verpassen, um sich erfolgreich gegen größere Filialisten und den Onlinehandel zu behaupten. Auch ihnen stehen zahlreiche Möglichkeiten zur Kommunikation mit ihren Kunden und auch zum Vertrieb ihrer Produkte über verschiedene Kanäle zur Verfügung.

Oft wird von den Inhabern und Geschäftsführern selbst oder in deren Umfeld die Annahme gehegt, dass ihre, teilweise etwas ältere Kundschaft, nicht internetaffin sei und aus diesem Grund noch überwiegend im stationären Handel kauft. Eventuell setzen sich der oder die Geschäftsinhaber selbst gar nicht mit den Möglichkeiten der digitalen Welt auseinander. Viele offizielle Studien belegen aber ein starkes Wachstum auch in älteren Zielgruppen, sowohl bei der Nutzung des Internets insgesamt als auch bei der Verwendung mobiler Endgeräte. So gebrauchten im April 2015 ca. 80 % der Bevölkerung über 50 das Internet regelmäßig und davon über die Hälfte auch zum Einkaufen. Bei den Über-60-Jährigen sind immerhin bereits mehr als 40 % online und der Anteil wächst schnell weiter, allein schon bedingt durch den demographischen Wandel (AGOF 2015). Oftmals geht es bei dieser Personengruppe darum, mit Familie und Freunden in Kontakt zu bleiben und aktiv an der Gesellschaft teilzuhaben. Darüber hinaus schätzen diese Altersgruppen besonders Erleichterungen und Bequemlichkeit im Alltag, z. B. durch die Möglichkeit, sich umfassend zu informieren und entsprechende Serviceangebote zu nutzen, wie Internetbestellungen inklusive Lieferungen nach Hause. Bei der Verwendung von Smartphone und Tablet zum Internetzugang sind schon 47 % der Nutzer 50 Jahre oder älter (BITKOM 2014). Immer öfter ist im Alltag zu beobachten, wie selbstverständlich auch ältere Menschen mit modernen Kommunikationsmitteln umgehen.

Kundenkommunikation (Promotion)

Vor allem soziale Netzwerke (z. B. Facebook), Nachrichtendienste (z. B. Twitter), Tauschportale für Fotos und Videos (z. B. YouTube und Instagram) stellen preiswerte bzw. kostenlose Möglichkeiten zur Verfügung, um ein Unternehmen oder eine Gemeinde über ein eigenes Profil bekannt zu machen, Interesse an den eigenen Angeboten zu wecken und mit seinen Anspruchsgruppen in Kontakt zu bleiben. So können über einen eigenen Auftritt gezielt Produkt- und allgemeine Informationen, Angebote oder Hintergrundwissen allen Nutzern der jeweiligen Plattformen vorgestellt werden. Mit Personen, die direkt mit dem Anbieter verbunden sind (z. B. „Freunde" bei Facebook; „Follower" bei Twitter, YouTube, Instagram u. a.), kann eine persönliche „One-to-One" Kommunikation stattfinden. Es besteht die Möglichkeit, sich Lob, Kritik und Anregungen einzuholen, ohne ein spezielles Formular auf einer eigenen Internetseite anbieten zu müssen. Am eigenen Standort kann dann auf diesen neuen Kommunikations- und Informationskanal hingewiesen werden, ohne teure Werbung betreiben zu müssen.

Eine eigene App (Kurzform für engl. application = Anwendungssoftware für Mobilgeräte) oder eine gemeinschaftliche App in Zusammenarbeit mit Kooperationspartnern (siehe unten „City-App") lässt sich mit den entsprechenden Kenntnissen selbst oder kostengünstig von einem professionellen Anbieter programmieren. Diese kleinen Programme erleichtern den Besitzern von mobilen Endgeräten sowohl die Lesbarkeit der Informationen als auch die Anwendung etwaiger interaktiver Angebote.

Vertriebswege (Place)

Auch der Verkauf von Produkten über das Internet als zusätzlichen Vertriebskanal ist für kleinere Einzelhändler möglich, ohne einen eigenen aufwändigen und teuren Internetvertrieb betreiben zu müssen. Elektronische Marktplätze (z. B. Amazon, DaWanda) oder Auktionsplattformen (z. B. eBay) bieten die Möglichkeiten, sehr einfach und preisgünstig eigene Produkte einzustellen und in einem eigenen Verkaufsbereich (Shop) zu vertreiben. Um möglichst auf den vorderen Plätzen der Suchergebnisse zu erscheinen, ist auch hier genauso wie bei dem eigenen Internetauftritt die Optimierung der eigenen Texte und Formulierungen ein wesentlicher Erfolgsfaktor. Eventuell ist es sinnvoll, parallel mehrere Verkaufsmöglichkeiten zu nutzen, wenn die eigene Infrastruktur es zulässt. Verkäufe zeitnah zu verfolgen, Zahlungseingänge zu prüfen sowie zügigen Versand und Reklamationsbearbeitung sicherzustellen, sind dafür Voraussetzung.

Es ist entscheidend, die richtigen Partner und das gewünschte Servicelevel auszuwählen. Exemplarisch werden im Folgenden die Möglichkeiten und Funktionsweisen anhand drei der bekanntesten Plattformen vorgestellt:

- **Amazon:** Bei dem Shoppingportal Amazon werden sortimentsübergreifend Waren nahezu jeder Produktklasse vertrieben. Hier existiert für kommerzielle Betreiber eines eigenen Shops auf der Webseite des Vertriebspartners beispielsweise die Möglichkeit, gegen Gebühr als Dienstleistung zusätzlich den Versand und die Retourenabwicklung auszulagern und von Amazon abnehmen zu lassen.
- **DaWanda:** DaWanda wiederum ist eine Plattform für kreative, handgemachte Artikel und hilft den Verkäufern, welche gleichzeitig oft auch die Hersteller sind, für überregionale Bekanntheit ihrer Produkte zu sorgen. Auch ein von DaWanda organisierter Kreativmarkt mit den selbst hergestellten Produkten an Orten in wechselnden Städten hilft den Verkäufern, sich in der Branche zu etablieren. Der Konkurrenzdruck durch ähnliche Sortimente ist mittlerweile allerdings groß. Kapitalstarke Anbieter können die kostenpflichtigen Werbekampagnen und gezielten Anzeigen, welche DaWanda seinen Nutzern als Service anbietet, in einem Umfang finanzieren, der kleinere Händler schnell aus den vorderen Plätzen der Suchergebnisse verdrängt. Darüber hinaus besteht die Gefahr, schnell auf Nachahmer der eigenen Produkte zu treffen. Trotzdem stellt die Plattform für viele ein Sprungbrett zum Erfolg dar.
- **eBay:** Auf Auktionsplattformen wie eBay kommt verstärkt das Prinzip der Preisdifferenzierung und der Abschöpfung der maximalen Preisbereitschaft zum Tragen. Über das Auktionsprinzip werden Kunden aufgefordert, ein Angebot abzugeben. Der Höchstbietende erhält dann zum vorher bestimmten Auktionsende dieses Produkt. Allerdings kommt dieses Prinzip verstärkt nur noch beim Verkauf gebrauchter Artikel von Privatanbietern zum Tragen. Professionelle Händler von Neuware nutzen immer mehr die Möglichkeit, von vornherein Festpreise zu verlangen.

Beispiel: Emmas Enkel

Ein preisgekröntes Projekt in Deutschland startete im Oktober 2011 in Düsseldorf. Die Diehl & Brüser Handelskonzepte GmbH eröffnete hier die erste Filiale von „Emmas Enkel". Wer sich Zeit nimmt, kann dort im Ladenlokal Platz nehmen, Kaffee trinken und per Smartphone bzw. Tablet bestellen oder einen Einkaufszettel abgeben. Die Waren werden dann zusammengestellt. Außerhalb des stationären Geschäftes ist der Einkauf in einem Onlineshop möglich. Anschließend werden die gekauften Lebensmittel und Drogerieprodukte gegen Gebühr geliefert. In der Filiale ist die Auslage im Vergleich zu großen Supermärkten kleiner, doch über ein leistungsfähiges Lagermanagement sind bereits mehr als 3 300 Artikel verfügbar. 2012 schaffte es „Emmas Enkel" als einziger deutscher Anbieter in das Finale der „World Retail Awards" in der Kategorie „Beste Innovation". Zudem wurde das Düsseldorfer Geschäft als „Ort im Land der Ideen 2012" (eine gemeinsame Standortinitiative der Bundesregierung und der deutschen Industrie) ausgezeichnet (Brüser o. J.).

Zusammenarbeit von Händlern und Kommunen

Gerade in den bedrohten Geschäften der Innenstädte müssen kleine Händler umdenken und neue Impulse setzen, vor allem auch im ländlichen Raum, wo in einigen Kleinstädten in Deutschland die Einzelhandelsfunktion fast zum Erliegen gekommen bzw. auf ein Mindestmaß geschrumpft ist. Denn nur wenn sie auch in der virtuellen Welt zu finden sind und einzigartige Angebote in der realen Welt unterbreiten, können auch sie von dem Gegentrend und der Rückbesinnung auf die Vorteile des stationären Handels profitieren. Nur im stationären Einzelhandel ist es für den Kunden möglich, dieses spezielle Einkaufserlebnis zu haben, Produkte anzufassen, auszuprobieren und sofort mitzunehmen. Vor allem in dieser Atmosphäre sind Konsumenten auch offen für Impulskäufe. Eine belebte Innenstadt bietet einmalige Synergien sowie Agglomerations- und Kopplungseffekte zwischen den einzelnen Händlern. Sie bietet die Möglichkeit, für Bewohner und Touristen Dinge des täglichen Bedarfs auf engem Raum nebeneinander anzubieten. Unterschiedliche Einzelhandelsformate, nicht nur die bekannten austauschbaren Filialisten, ausreichend Parkplätze, kurze Wege, ein attraktives Gastronomieangebot, Kultur-, Verwaltungs- und Bildungseinrichtungen sowie Dienstleister unterschiedlicher Art in unmittelbarer Nähe ebenso wie attraktive Aufenthalts- und Sitzgelegenheiten bieten gerade in kleineren Städten die Chance für Bequemlichkeit und Lebensqualität. Auch für kleine Unternehmen und Kommunen stehen attraktive Möglichkeiten für die Präsentation im Netz zur Verfügung wie beispielsweise die „City-App".

Beispiel: „City-App" Unipush Regio

Die kostengünstige „City-App" der Firma Unipush Media GmbH wurde im Frühjahr 2015 zum Preisträger des Innovationswettbewerbs „Handel im Wandel – Neue Geschäftsideen für den Einzelhandel" gekürt. Sie kann eingesetzt werden, um Einwohnern und Besuchern einer Stadt ihre Einzelhandelsgeschäfte, Sehenswürdigkeiten, Veranstaltungen, Gastronomie, Vereine und andere Einrichtungen vorzustellen. Damit bündelt sie Informationen, welche sonst nur in einzelnen Apps oder Webseiten verstreut bzw. gar nicht im Netz zu recherchieren sind. Anders als bei bisherigen statischen Städte-Apps mit immer gleichem Inhalt besteht bei der modularen Unipush Regio die Möglichkeit, aktuelle Angebote, Veranstaltungen und Tipps den Nutzern täglich aktuell zu präsentieren und ihnen damit einen Mehrwert zu verschaffen. So ist das Schreibwarengeschäft in der Lage, besondere Angebote und für Appnutzer exklusive Rabatte zu verschiedenen saisonalen Aktionen anzubieten. Auch der örtliche Bäcker kann regelmäßig daran erinnern, dass es am Sonntagmorgen möglich ist, bei ihm frische Backwaren zu kaufen. Aber auch eine anstehende Kleiderbörse des Krabbelgruppenvereins oder der Termin der nächsten Sperrmüllsammlung des städtischen Ver- und Entsorgers lässt sich darüber kommunizieren. Je mehr Inhalte und Informationen hier zu finden sind und je mehr Partner miteinander kooperieren, umso attraktiver wird die App und mit ihr die ganze Region für Interessenten.

Ein ähnliches Konzept erarbeiteten gemeinsam in Wuppertal 50 Einzelhändler. Zusammen pflegen sie die Webseite „Online City Wuppertal" und bieten einen gemeinschaftlichen Lieferservice innerhalb der Stadt. Retouren können im jeweiligen Geschäft zurückgegeben werden. Dafür müssen allerdings alle Partner eng miteinander arbeiten. Eine zentrale Schnittstelle (z. B. ein „Citymanager") könnte übergreifende Anforderungen koordinieren und dabei ebenfalls für Onlinepräsenz sorgen. Er kann einen Überblick über die wirtschaftliche und strukturelle Situation einer Stadt schaffen, auf den einzelnen Partner einwirken, aktuelle Entwicklungen aufzeigen und neue Konzepte vorschlagen, um die Lebensqualität einer Stadt zu verbessern. Für den stationären Einzelhandel lassen sich Erlebniseinkauf, Showrooming, Pop-up-Shops und Kombi-Stores auch regional umsetzen (siehe Abschn. 3.1 „Entwicklung des Multi-Channel-Handels"). So kann der Buchhändler Lesungen veranstalten, Handwerker können Muster ihrer Produkte in einem gemeinsam betriebenen Geschäft präsentieren, Abverkauf reduzierter Ware kann in für kurze Zeit gemieteten Geschäften erfolgen, Neuansiedlungen können gefördert werden, wenn Immobilienbesitzer leer stehende Geschäftsräume zu Testzwecken erst einmal für kurze Zeit zu einem günstigen Preis vermieten. Händler müssen die Nutzung ihrer Verkaufs- und Lagerflächen überdenken, um beispielsweise durch die Straffung des Sortiments und Kombination mit anderen Produktkategorien sowie Serviceleistungen wieder attraktiver zu werden und auch neue Zielgruppen anzusprechen. Ein Schreibwarengeschäft ließe sich beispielsweise um Bücher und Spielwaren erweitern, ergänzt um das Angebot, bestimmte Schreibarbeiten für seine Kunden zu übernehmen. Dienstleistungszentren mit Brief- und Paketservice, Schneider, Schuhmacher, Wäscherei- und Reinigungsannahme, Druck- und Kopiermöglichkeiten, Fotoservice, Kauf- und Tauschbörse bieten die Chance, Anlaufpunkt für viele Bürger zu werden. Durch branchenübergreifende Zusammenarbeit und Unterstützung durch die Kommune haben Innenstädte und ihr stationärer Einzelhandel die Möglichkeit, durch innovative Konzepte wieder an Attraktivität zu gewinnen.

Anforderungen an Multi-Channel-Konzepte 4

4.1 Kundenzufriedenheit erreichen

Veränderungen im Konsumentenverhalten erkennen

Mit den gesellschaftlichen Veränderungen der letzten Jahrzehnte durch die schnellen und umfassenden technologischen Weiterentwicklungen aber auch ökonomischen, ökologischen, politischen und rechtlichen Rahmenbedingungen, änderte sich ebenfalls das Konsumentenverhalten entscheidend. In den Industrieländern der westlichen Welt konnte nach dem Zweiten Weltkrieg über einen langen Zeitraum von einem relativ **konsistenten Kaufverhalten** ausgegangen werden. Marketingmaßnahmen erforderten lediglich die Unterscheidung von Produkten und Dienstleistungen mit niedriger oder hoher kognitiver bzw. affektiver Kundenbeteiligung (low/high involvement). Nach und nach entwickelte sich aber zunehmend ein hybrides Konsumverhalten. Darunter ist beispielsweise zu verstehen, dass eine Person in der einen Situation eher preisorientiert einkauft, aber bei anderer Gelegenheit deutlich erlebnisorientiert konsumiert und z. B. Luxusmarken erwirbt („Mit dem Porsche zu Aldi"-Phänomen).

Durch die Verbreitung der neuen Multi-Channel-Möglichkeiten veränderte sich der Konsum von Produkten und Dienstleistungen noch einmal entscheidend. Das nun zu beobachtende **multioptionale Kaufverhalten** bedeutet, dass sich Kunden in den unterschiedlichen Phasen des Kaufprozesses unterschiedlicher Optionen bedienen wollen, um sich zu informieren, um zu kommunizieren und konsumieren sowie zu reklamieren. Der von Google geprägte Begriff „ROPO-Effekt" („Research Online, Purchase Offline" bzw. „Research Offline, Purchase Online") beschreibt die Wechselwirkung zwischen Online- und Offlinekanälen zur Informationsbeschaffung (research) und zum Einkauf (purchase). Konsumenten erwarten von Handelsunternehmen die Möglichkeit, zwischen den angebotenen Kanälen

© Springer Fachmedien Wiesbaden 2016
R. Jäger, *Multi-Channel im stationären Einzelhandel,* essentials,
DOI 10.1007/978-3-658-13027-5_4

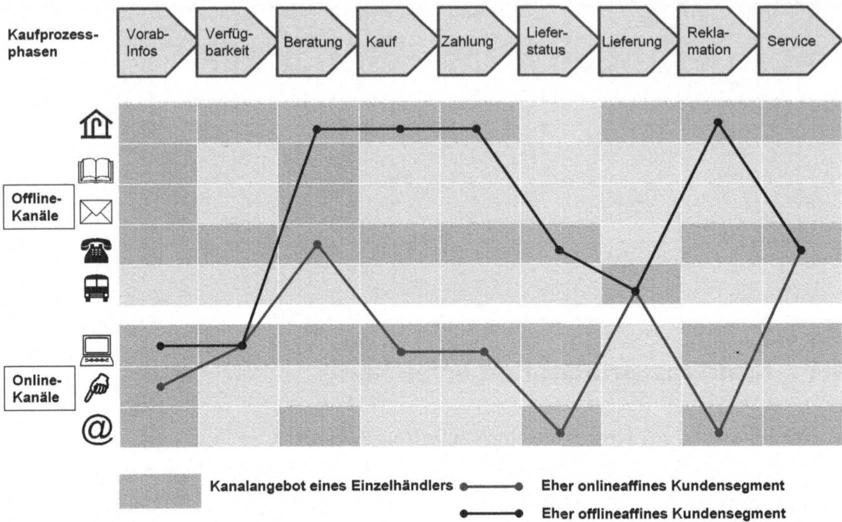

Abb. 4.1 „Channel-Hopping" als aktuelles Konsumentenverhalten. (Quelle: in Anlehnung an Heimann 2014)

wechseln zu können (Wirtz 2013, S. 47). Beispielhafte Wege des „Channel-Hoppings", verdeutlicht Abb. 4.1.

Vorteile von on- und offline kombinieren

Entsprechend dem Kanalangebot des jeweiligen Händlers bilden sich sowohl eher online- als auch eher offlineaffine Kundensegmente, die sich vor, während und nach dem Kaufentscheid jeweils verschiedener Kanäle bedienen wollen und die Vorteile der von ihnen jeweils bevorzugten Varianten schätzen und nicht missen möchten.

Für onlineaffine Kunden stehen in erster Linie die Bequemlichkeiten (Convenience) im Vordergrund.

Vorteile der Onlinekanäle – Formen der Convenience

- **Place Convenience:** verschiedene Phasen des Kaufprozesses von unterschiedlichen Standorten möglich
- **Scheduling Convenience:** keine Rücksichtnahme auf Öffnungszeiten nötig
- **Energy Convenience:** nur in geringem Maße physische Mühen aufzuwenden
- **Time Convenience:** Zeitersparnis
- **Comparison Convenience:** leichter Produktvergleiche durchführen
(Müller-Hagedorn und Natter 2011, S. 142)

Gleichzeitig dürfen aber beim Ausbau der elektronischen Informations- und Einkaufsmöglichkeiten Kunden, welche in bestimmten Situationen die Vorteile des stationären Geschäfts traditionell oder wieder neu schätzen, nicht aus den Augen verloren werden.

> **Vorteile der Offlinekanäle – Einkaufserlebnis**
> - Einkaufserlebnis und Freizeitgestaltung
> - sozialer Kontakt
> - persönliche Beratung
> - in Augenscheinahme von Produkten möglich
> - sofortige Verfügbarkeit der gewünschten Produkte
>
> (Müller-Hagedorn und Natter 2011, S. 142)

Dabei unterscheiden sich Schwerpunkte der Nutzung von online oder stationärem Kontaktpunkten auch wesentlich innerhalb der diversen Sortimente (Lebensmittel oder Non-Food).

Durch den Vormarsch mobiler Endgeräte erfolgt derzeit eine weitere Wandlung im Konsumentenverhalten. Die Nutzer von Smartphones u.ä. Geräten springen nicht mehr nur zwischen einzelnen Kanälen eines Händlers während ihres Informations- und Einkaufsprozesses hin und her, sondern nutzen diese parallel. Unter anderem rufen sie sich, während des Besuchs eines Geschäfts, zum gewünschten Produkt online Preisvergleiche ab oder lesen auf entsprechenden Webseiten Kundenbewertungen zum jeweiligen Artikel. Dabei ist ihnen meistens gar nicht mehr bewusst und auch nicht von Interesse, ob sie sich gerade on- oder offline befinden. Diese übergreifende Nutzung aller Kanäle, das „**Omni-Channeling**", kann als die derzeit jüngste Entwicklung des Kaufverhaltens vor allem jüngerer Zielgruppen gesehen werden (Heinemann 2015, S. 141).

Kanalkonsistenz sicherstellen
Die Forderung nach einer Kanalkonsistenz („Channel-Fit") in einem Multi-Channel-System ist eine der wichtigsten Bedingungen, wenn nicht die wichtigste überhaupt, für ein erfolgreiches und nutzenbringendes Zusammenspiel aller Marketinginstrumente bzw. -kanäle. Um Kundenzufriedenheit zu erreichen, ist es zwingend erforderlich, die Kanäle sowohl inhaltlich als auch gestalterisch aneinander anzupassen sowie eine unverwechselbare Unternehmensidentität (Corporate Identity) zu schaffen, andernfalls ist mit Verunsicherung und Abwanderung der Kunden zu rechnen (siehe Abschn. 4.2 „Markenmanagement und Positionierungsstrategie zur langfristigen Kundenbindung").

Hierbei können drei grundsätzliche Stufen unterschieden werden (Schwerdt 2013):

Multi-Channel-Retailing
- Gleichzeitige Nutzung von zwei oder mehr Vertriebskanälen, mindestens einer davon ist online
- Produkte, Preise und Promotion sind gestalterisch und inhaltlich möglichst übergreifend über alle Kanäle konsistent
- Distribution und darunterliegende Systeme werden aber komplett getrennt geführt
(z. B. eigener Onlineshop, Nutzung von Onlinemarktplätzen, eigene stationäre Flagship-Stores, Einsatz von Absatzmittlern stationärer Einzelhandel u. a.)

Cross-Channel-Retailing
- Brücken zwischen den Kanälen sind vorhanden, während der unterschiedlichen Phasen des Kaufprozesses kann der Kunde von einer Plattform zur anderen wechseln
- Kanäle selbst sind technisch und organisatorisch aber meist noch getrennt, teilweise aber auch schon gemeinsame Kundendatenbank und/oder Warenwirtschaftssystem
(z. B. Produkt online bestellen und offline im Geschäft abholen („Click&Collect"), bezahlen und ggf. reklamieren)

No-Line-Handel
- Absatzkanäle verschmelzen alle zu einem gemeinsamen Einkaufsumfeld („Omni-Channeling"), für ein durchgängiges, konsistentes und personalisiertes Einkaufserlebnis
- Verkäufer und Kunden haben überall Zugriff auf das Gesamtangebot und das Kundenkonto
- Daten werden alle zentralisiert gespeichert sowie in Echtzeit synchronisiert und aktualisiert
- Nutzung von mobilen Endgeräten/Smartphones ermöglicht sowohl den Kunden als auch dem Verkaufspersonal am POS ausführlichere Produkt-

> informationen, Kundenbewertungen, Preisvergleiche, Verfügbarkeit und
> Alternativen online zeigen zu lassen
> (Kauf kann stationär erfolgen oder eine Onlinebestellung ausgelöst und
> in die Filiale oder an die Wunschadresse geliefert werden.)

Nicht für jeden Anbieter ist es unter Kosten-Nutzen-Gesichtspunkten möglich und
nötig, ein nahtloses Kauferlebnis im Sinne des „No-Line-Handels" zu schaffen.
Der Service für online gekaufte Artikel sollte stationär allerdings mindestens möglich sein. Andernfalls besitzen Kunden kein Verständnis für das Angebot unterschiedlicher Einkaufswege. Wenn Unterschiede zwischen Preisen, Produkten und
anderen Leistungen zwischen den Distributionskanälen bestehen, müssen diese
verständlich kommuniziert und erklärt werden.

Kundenkontaktpunkte optimieren
Kundenkontaktpunkte („Customer Touchpoints") sind alle Berührungspunkte eines
Händlers mit seinen Kunden. Dies können Mitarbeiter, die Produkte und Leistungen selbst, aber auch alle anderen Kommunikations- und Distributionskanäle sein.
Durch eine Vielzahl solcher „Fingerabdrücke" entsteht ein Gesamteindruck, welcher mehr ist als die Summe seiner Teile. Er prägt das Image eines Unternehmens
und damit die Kaufpräferenz bei seinen Kunden. Dabei lassen sich diese Punkte
unterscheiden in **direkten** Kontakt (z. B. im Gespräch oder durch Werbung) be-
ziehungsweise **indirekten** Kontakt (z. B. durch Mundpropaganda oder Pressebe-
richte). Hierbei kann wiederum unterteilt werden in **zweiseitige** (d. h. unmittelbare
Interaktion zwischen Sender und Empfänger) oder **einseitige** Berührungspunkte
(d. h. ohne unmittelbare Interaktion). Somit ist ersichtlich, dass nicht alle **verbalen**
und **nonverbalen** Eindrücke, die im Laufe der Zeit entstehen, der vollständigen
Kontrolle des Unternehmens unterliegen. Bei indirekten Kontakten ist keine direkte Einflussnahme durch das Unternehmen gegeben (Esch et al. 2010, S. 8 f.).
   Innerhalb der verschiedenen Phasen des Kaufprozesses lassen sich die Kundenkontaktpunkte ebenfalls systematisieren in: „Information Points" (Informations-
möglichkeiten in der Vorkaufphase), „Points of Sale" (Verkaufskanäle in der Kauf-
phase) und „Service Points" (Serviceangebote für die Nachkaufphase) (Hefner
2010, S. 29).
   Nur das, was der Kunde wahrnimmt, und welche Punkte für ihn entlang des
Kaufvorgangs sichtbar sind („Line of Visibility"), ist für ihn von Relevanz. Nach-
gelagerte Prozesse und Strukturen, die für das Unternehmen notwendig sind, inter-

essieren ihn nicht. Die Optimierung der Kundenkontaktpunkte zielt einerseits darauf ab, durch formale und inhaltliche Abstimmung die erzeugten Eindrücke zu vereinheitlichen, damit diese sich gegenseitig verstärken zu einem unverwechselbaren Einkaufs- und Markenerlebnis. Andererseits geht es darum, zentrale Kundenbedürfnisse zu befriedigen und gleichzeitig positive Kundenerlebnisse zu schaffen, welche dem Kunden einen Mehrwert bieten und gleichzeitig eine Differenzierung vom Wettbewerb erzielen.

Die Voraussetzung zur Erfassung erfolgskritischer Customer Touchpoints ist die Erfassung zentraler Kundenbedürfnisse durch entsprechende qualitative und quantitative Marktforschungsmethoden. Im Anschluss kann dann die Prüfung der Abdeckung und der Relevanz der jeweiligen Kontaktpunkte erfolgen (Esch et al. 2010, S. 12 f.). Dazu erfolgt im ersten Schritt eine interne Identifikation und Bewertung von Kontaktpunkten aus Managersicht und im Anschluss die externe Bestandsaufnahme aus Sicht der relevanten Zielgruppen mit Hilfe von diversen zur Verfügung stehenden Analysemöglichkeiten. In der folgenden Auswertungsphase bringt ein Abgleich interner und externer Sichtweisen so Lücken und Schwachstellen zu tage. Daraus folgen die Gewichtung der zu bearbeitenden Probleme und die Entwicklung eines Maßnahmenkatalogs. Ziel ist die Verbesserung der direkten Interaktionen mit den Kunden und die bessere Lenkung der indirekten Berührungspunkte für den Aufbau einer dauerhaften Kaufpräsenz bei den Konsumenten sowie einer langfristigen Markenbindung.

4.2 Markenmanagement und Positionierungsstrategie zur langfristigen Kundenbindung

Konsumenten haben heute jederzeit Zugang zu detaillierten Produktinformationen, Preis- und Qualitätsvergleichen und sind durch die Vielfalt der Möglichkeiten weniger an einzelne Kanäle oder spezielle Händler gebunden.

> Für die Kunden wird das Einkaufen einfacher und anstrengender zugleich. Aber in der Informationsfülle zu verfügbaren Angeboten wächst die Unsicherheit, ob man tatsächlich das beste Angebot gefunden und ausgewählt hat oder möglicherweise ein besseres verpasst, nach dem die Kaufentscheidung gefällt wurde. (Mei-Pochtler und Hepp 2013, S. 78)

Konsumgütermärkte sind in den meisten Sortimentsbereichen geprägt durch ein vielfältiges Angebot, Überfluss, unzählige Produktvariationen und damit einhergehende Produktkonfusion bei vielen Konsumenten. Auch die Serviceleistungen des Einzelhandels ähneln sich in den meisten Fällen. Austauschbarkeit der funktionalen Leistungsmerkmale – des Grundnutzens – sowohl bei Produkten als auch Dienstleistungen erschweren Kunden die Kaufentscheidung. Der ökonomische Nutzen, bestehend aus dem Preis-Leistungs-Verhältnis, ist meist vergleichbar. Auf Grund der Vergleichbarkeit und Austauschbarkeit sowie der allseitigen Verfügbarkeit der meisten Produkte und Dienstleistungen wächst die Gefahr, dass Kunden je nach Situation immer wieder bei einem anderen Händler einkaufen und keine Kundenbindung erreicht werden kann.

Durch ein professionelles Markenmanagement im Multi-Channel-System kann das Unternehmen seinen Kunden Orientierung im Angebotsdschungel geben (Müller-Hagedorn und Netter 2011, S. 143). Auch Absatzmittler – speziell der Einzelhandel – sind bestrebt, das eigene Geschäft mit seinen Filialen und anderen Vertriebskanälen als Dienstleistungsmarke bzw. „Händlermarke"[1] (Retail Brand) zu profilieren und Alleinstellungsmerkmale im Wettbewerb um den Kunden zu schaffen. Wenn ein Händler in der Lage ist, das Vertrauen zu erlangen, dass keine intensiven und anstrengenden Suchprozesse nötig sind, sondern dass man bei ihm situations- und kanalübergreifend gut aufgehoben ist, befindet er sich auf dem bestem Weg, sich aus der Masse der Anbieter abzuheben, in den Augen seiner Kunden eine Marke zu werden und Stammkunden zu gewinnen, die nicht länger aufwändig vergleichen wollen.

▶ **Marke** „Eine Marke ist ein in der Psyche des Konsumenten verankertes, unverwechselbares Vorstellungsbild von einem Produkt oder einer Dienstleistung." (Meffert 2000)

Eine Unterscheidung von Wettbewerbern ist nur möglich, wenn der Produzent oder der Verkäufer seinen Kunden einen Zusatznutzen bietet. Dieser kann u. a. durch die Bekanntheit und das Image der Marke entstehen. Die mit einer Marke verbundenen abstrakten, oftmals nicht unmittelbar mit dem Produkt oder der Dienstleistung in Verbindung stehenden Merkmale, gewinnen dabei weiterhin an Bedeutung.

Das Markenerlebnis eines Multi-Channel-Anbieters und der daraus entstehende Nutzen für den Kunden können sich u. a. aus folgenden Funktionen zusammensetzen:

---

[1] Nicht zu verwechseln mit „Handelsmarke" (auch Eigenmarke): Produkte und Produktreihen, deren Markenzeichen sich im Eigentum eines Handelsunternehmens befinden. Sie werden in der Regel nur in Betrieben des Markeneigners abgesetzt.

Funktionen der Marke (Retail) *Brand*

- **Risikoreduktions-, Informations- und Vertrauensfunktion**: klare, verständliche Zusammenhänge und Abläufe
  („Ich kenne mich bei diesem Anbieter aus und vertraue auf den besten Preis oder die beste Qualität.")
- **Sinnlich ästhetische Dimension**: ansprechende und übersichtliche Gestaltung der Kundenkontaktpunkte
  („Mir gefällt das Erscheinungsbild des Anbieters und ich erkenne es immer wieder.")
- **Identitätsvermittlung (Werte, Lebenseinstellung)**: durch die Marke/ Retail Brand vermittelter „Lifestyle"
  („Ich kann mich mit dem Auftreten und dem Image des Anbieters identifizieren.")
- **Sozialer Nutzen** (Zugehörigkeit zu einer bestimmten sozialen Schicht, soziale Anerkennung): Abbildung der Zielgruppe und Kommunikation mit der „Community"
  („Meine Freunde/Kollegen/Bekannten kaufen auch bei diesem Anbieter.")
  (Burmann und Schallehn 2008, S. 13 ff.)

Eine unverwechselbare Unternehmensidentität („Corporate Identity" – CI) entsteht aus der generellen Zielsetzung eines Unternehmens. Die Grundsätze der Wertschöpfung sollten sich aus einer starken Vision und Unternehmensphilosophie entwickeln und in ein Alleinstellungsmerkmal gegenüber dem Wettbewerb (Unique Selling Proposition – USP) münden. Dies gelingt, wenn alle Mitglieder einer Organisation die Grundziele durch die Unternehmensführung vermittelt bekommen, sie mittragen und nach außen leben, so dass Kunden, Lieferanten, Wettbewerber und die breite Öffentlichkeit ein klares Bild von der „Persönlichkeit" des Unternehmens besitzen. Die Veranschaulichung dieser Haltung und die Erzielung eines unverwechselbaren Erscheinungsbildes mit einer starken Wiedererkennungswirkung wird durch gestalterische Regeln für alle Unternehmenselemente („Corporate Design – CD") sichtbar (Lerchenmüller 2014, S. 338).

Um dieses klare Bild in der Öffentlichkeit zu erreichen, ist eine deutliche Positionierung des Unternehmens erforderlich.

Positionierungsstrategie

Grundlagen zur Bestimmung einer geeigneten unverwechselbaren Positionierung gehen u. a. auf die 1980 publizierten „Wettbewerbsstrategien" von Porter[2] zurück. Auf Basis eigener empirischer Untersuchungen entwickelte er drei mögliche Basisstrategien, im Rahmen derer ein Unternehmen grundlegende Kernkompetenzen entwickeln muss, um am Markt erfolgreich agieren zu können. Seiner Ansicht nach muss vor einer weiteren Verfeinerung der eigenen Positionierung entschieden werden, ob der Anbieter eines Produktes oder einer Dienstleistung als **Preisführer** oder **Qualitätsführer** auf den Gesamtmarkt bezogen in seinem Umfeld agieren möchte oder sich auf eine konkrete **Nische** spezialisiert. Andernfalls besteht das Risiko, in der Mittelmäßigkeit unterzugehen („stuck in the middle").

Spätestens mit der Weiterentwicklung dieser Normstrategien zum „**Outpacing-Ansatz**" (jemanden ausstechen, überholen bzw. hinter sich lassen) wird deutlich, dass heutzutage ein langfristiger Erfolg eine mehrdimensionale Orientierung erfordert. Abnehmer verlangen zunehmend hohe Qualität bei gleichzeitig niedrigem Preis. Übersetzt für den Einzelhandel heißt das, dass ein Händler sich entweder über ein besonderes Preis-Leistungs-Verhältnis, speziellen preiswerten bzw. kostenlosen Service oder ein unverwechselbares Einkaufserlebnis in seinen Distributionskanälen profilieren muss. In einem Positionierungsmodell werden subjektive Wahrnehmungen von Kunden zu einer bestimmten Branche in einem mehrdimensionalen Diagramm abgebildet. Ziel ist es, die eigene Kundenwahrnehmung möglichst nah am Idealbild der Konsumenten bzw. möglichst weit von anderen Anbietern zu erreichen (Meffert et al. 2012, S. 317, 368 ff.). Wenn die stationären Geschäfte beispielsweise nicht mehr unbedingt nur dem Zweck des Verkaufens dienen, sondern im Zusammenspiel der möglichen Einkaufskanäle auch einen Zusatznutzen im Sinne von Erlebnis- und Freizeitgestaltung erhalten, wird sich auch das Image des Händlers in der Öffentlichkeit ändern und von anderen unterscheiden (mögliche neue Konzepte siehe Abschn. 3.1 „Entwicklung des Multi-Channel-Handels").

4.3 Realisierung von Cross- und Up-Selling-Potenzialen

Als unmittelbaren Effekt generiert ein neuer Distributionskanal einen Umsatz, der in den bisherigen Kanälen nicht realisiert worden wäre (Zusatzumsatz), aber auch einen Anteil, welcher den anderen Kanälen verloren geht (kannibalisierter Umsatz). Im Rahmen des Controllings ist es allerdings schwierig, wenn nicht nahezu

---

[2] Michael E. Porter: US-amerikanischer Ökonom und Universitätsprofessor für Wirtschaftswissenschaft

unmöglich, Kannibalisierungseffekte zwischen den Kanälen zu ermitteln und in Relation zu anderen mittelbaren positiven Aspekten abzugrenzen. Durch bessere Erreichbarkeit auf Grund der Erweiterung der Kundenkontaktpunkte kommt es bestenfalls auch insgesamt zu höherer Nachfrage sowie zu positiven Effekten auf die Bekanntheit und das Image (Müller-Hagedorn und Natter, S. 144).

Ebenso wie Produkte, Branchen und Betriebstypen unterliegen auch Kundenbeziehungen einem Lebenszyklus. Zu Beginn einer Kundenbeziehung fallen Akquisitionskosten in unterschiedlicher Höhe an, so dass in dieser Phase von negativen Kundendeckungsbeiträgen ausgegangen werden muss. Erst wenn ein Interessent zum Kunden wird, beginnen die Deckungsbeiträge nach Erreichen der Gewinnschwelle („Break-Eaven-Point") in den positiven Bereich zu wechseln. Gelingt es, den Kunden zufriedenzustellen und zum erneuten Kauf zu bewegen, können durch den Abschluss von Zusatzkäufen („Cross-Selling") und/oder den Kauf höherwertiger Produkte („Up-Selling") die Deckungsbeiträge weiterhin steigen. Darüber hinaus ist es möglich, Kostensenkungspotenziale zu nutzen, beispielsweise durch die automatische Reduktion von Informationskosten. Werden noch die Chancen auf neue Umsätze durch Weiterempfehlung mit beachtet, kann von einer weiteren Steigerung des Kundenwertes durch Intensivierung der Kundenbeziehung ausgegangen werden. Abbildung 4.2 veranschaulicht die großen Potenziale, welche eine langjährige Kundenbeziehung aufbauen kann.

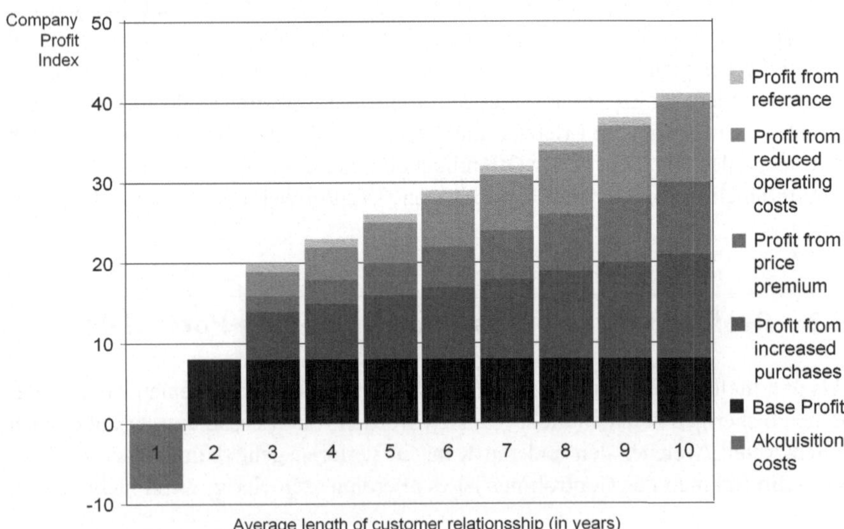

Abb. 4.2 Why Customers Are More Profitable over Time. (Quelle: Reichheld und Sasser 1990)

Die Herausforderung für ein Unternehmen besteht darin, die Abwanderung profitabler Kunden zu verhindern bzw. bereits abgewanderte Kunden durch entsprechende Maßnahmen zurückzugewinnen. Bei effizienter Nutzung der Informationen aus den Kundendaten können, durch ein zielgruppengenaues Kundenbindungsmanagement mit personalisierten Produkt- und Serviceangeboten, weitere Cross- und Up-Selling-Chancen genutzt werden.

4.4 Datenmanagement

Konsumenten posten, liken, sharen, tweeten, kaufen online, nutzen Apps, liefern Standortdaten, schreiben Empfehlungen – ein Schlaraffenland für das Marketing? Das kann es werden! (Schuster und Fichter 2015, S. 8)

Zu keiner Zeit konnten Händler mehr über ihre Kunden erfahren – doch die wenigsten sind in der Lage, die riesigen Datenmengen sinnvoll zu nutzen, welche am Point of Sale, über URL-Tracking, auf der Homepage des Unternehmens und in den sozialen Medien generiert werden (Mei-Pochtler und Hepp 2013, S. 78 ff.). Im Moment stehen die Datenquellen in den meisten Einzelhandelsunternehmen oftmals isoliert nebeneinander. Komplexe Fragestellungen lassen sich damit nicht beantworten. Das gelingt erst durch intelligentes Verknüpfen der internen Daten untereinander und mit externen Referenzdaten aus der Marktforschung.

Abbildung 4.3 verdeutlicht die Entwicklung innerhalb der letzten zwei bis drei Jahrzehnte, auf welche sich Einzelhändler in dieser relativ kurzer Zeit neu einstellen müssen. Sie stehen einem enormen Wachstum der **Datenmengen** gegenüber, z. B. zahlreiche Einkaufs- und Verkaufszahlen unterschiedlicher Distributionswege, alle Artikelstammdaten aus schneller wechselnden Sortimenten von unterschiedlichen Lieferanten aus dem Rechnungswesen und Warenwirtschaftssystem. Hinzu kommen kundenindividuelle und aktionsspezifische Daten. Der weitere Anstieg ist vor allem getrieben durch das starke Anwachsen des mobilen Datenaufkommens. Neben diesen relativ strukturierten Formaten kommen immer neue **Datenquellen** mit unterschiedlichen, oft unstrukturierten Datenformaten hinzu, was völlig neue Anforderungen an die IT stellt. Um diese nutzbringend auszuwerten, müssen Daten mit großer **Geschwindigkeit** analysiert werden, um möglichst in Echtzeit über alle Kanäle hinweg auf diese Ergebnisse z. B. durch Preisoptimierungen reagieren zu können. Ob ein Unternehmen diese Fähigkeit besitzt, auf die jeweilige analytische Fragestellung die relevanten Informationen auszulesen, wird zunehmend zum Erfolgsfaktor (Mehanna und Rabe 2014, S. 69 ff.) (siehe Abb. 4.3).

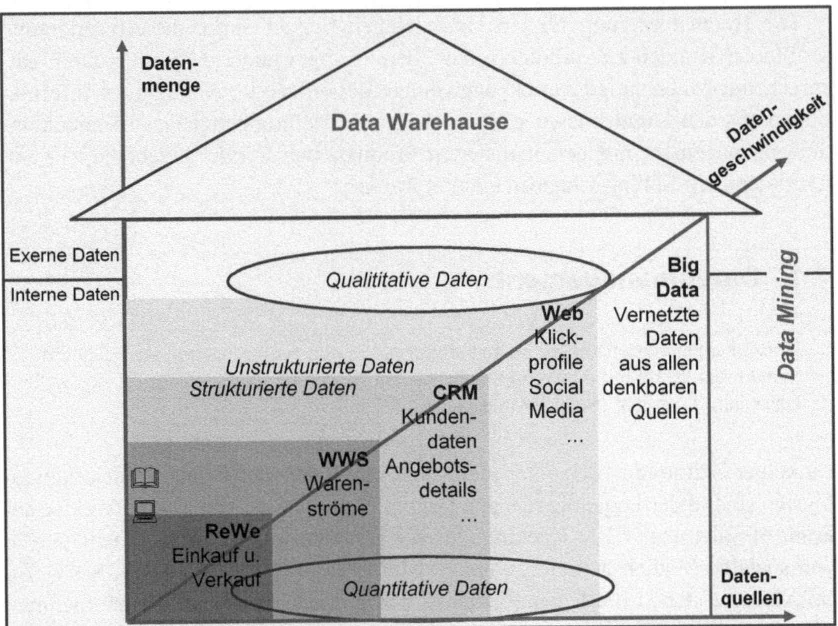

Abb. 4.3 Big Data

Auf Grund der großen Menge quantitativer Daten gerät die Einbeziehung wichtiger qualitativer Daten, wie die Kundenzufriedenheit, schnell in den Hintergrund. Zusätzlich kann es sinnvoll sein, neben den intern generierten Daten auch externe einzubeziehen. So bietet beispielsweise die GfK (Gesellschaft für Konsumforschung) für ihre Kunden die Modellierung sogenannter „Smart Insights" (maßgeschneiderte Erkenntnisse) aus der Verknüpfung von Marktforschungsdaten (z. B. aus den GfK-Panels) und den mitgelieferten Daten des Händlers. Damit können aus Abverkaufsdaten zur Erfolgskontrolle einer Marketingkampagne mit dem Fachwissen über das Kaufverhalten intelligente Algorithmen gebildet werden, welche holistische (ganzheitliche) Bilder generieren und die Ergebnisse zukünftiger Marketingentscheidungen simulieren können (Schuster und Fichter 2015, S. 8). Dazu werden Spezialisten („Data Scientists") benötigt, welche über entsprechende Big-Data-Auswertungssysteme verfügen, um diese nicht selbst anschaffen und bedienen zu müssen. Für diese Dienstleistungen werden die Datenmengen in Zukunft immer seltener auf eigenen Servern gespeichert, sondern in entfernten Rechenzentren in Form von „Clouds" (Datenwolken) abgelegt und bearbeitet. So kann von allen Seiten und unterschiedlichen Orten auf das dort generierte Wissen zugegriffen und es u. U. auch gemeinsam mit anderen Partnern verwendet werden.

Unternehmen müssen die Gratwanderung beherrschen, diese Datenmassen sinnvoll für ihr Marketing zu nutzen, dabei aber auch die Privatsphäre ihrer Kunden zu respektieren, einerseits aus ethischen sowie rechtlichen Gründen und andererseits, um einem Vertrauensverlust vorzubeugen. Verhaltensbasierte Produktinformationen stoßen immer mehr auf Ablehnung und erzeugen Ängste ob der persönlichen „Überwachung" durch Händler und deren Dienstleister.

4.5 Supply-Chain-Management und Efficient Consumer Response

Modernste Informationssysteme, die in Echtzeit große Mengen an Daten bereitstellen (siehe Abschn. 4.4 „Datenmanagement"), besitzen Auswirkungen auf die gesamte Lieferkette („Supply Chain"). Die vielerorts verstärkt angestrebten kundenorientierten ECR-Konzepte (Abk. für engl. „Efficient-Consumer-Response" = Effiziente Konsumentenresonanz) sollen zu einer ganzheitlichen Abstimmung der Akteure dienen. Ziel ist es, die Produktion der Hersteller besser auf den Bedarf und die Kundenwünsche auszurichten. Dazu bedarf es einer vertrauensvollen Zusammenarbeit zwischen Industrie und Handel und des kontinuierlichen Austauschs der sensiblen Verkaufsdaten und Lagerbestände. Im Rahmen des CM (Abk. für engl. Category Management = Warengruppenführung) sollen innerhalb entsprechender Produktkategorien abteilungs- und unternehmensübergreifend Neuproduktentwicklungen, Produktion, Einkauf, Sortimentsführung und Verkaufsförderung gemeinsam kundenorientierter und effizienter gestaltet werden. Darüber hinaus müssen Produktions- und Logistikprozesse optimiert und vereinfacht sowie die Lagerhaltung minimiert werden, um mit den Kosten- und Zeitvorteilen von Vertikalisten und reinen Onlinehändlern konkurrieren zu können (Mei-Pochtler und Hepp 2013, S. 93 ff.).

Abschließende Betrachtung und Ausblick 5

Die ständig steigende Komplexität in allen gesellschaftlichen und wirtschaftlichen Belangen fordert eine große Anpassungsfähigkeit von jedem einzelnen Händler, egal ob Großkonzern oder Einzelunternehmen.

Durch die Einführung eines Onlinevertriebskanals zusätzlich zu den bereits bestehenden, entwickelten sich viele Einzelhandelsunternehmen zu Multi-Channel-Anbietern. Über den Cross-Channel-Handel, welcher dem Kunden den Wechsel zwischen verschiedenen Kanälen während seines Einkaufsprozesses ermöglicht, verschmelzen derzeit die Nutzung von On- und Offlinekanälen zum No-Line-Handel. Auch die anderen Bereiche des Marketingmix sind untrennbar in diese Entwicklung eingebunden. Die Kommunikation mit den Konsumenten erfolgt Multi-Channel über vielfältige Wege inner- oder außerhalb des Internets. Dieser immer individuellere Austausch mit dem einzelnen Nutzer bedingt die Entstehung einer stetig wachsenden Vielfalt an Produktvarianten, die auf einzelne Kunden bzw. spezielle Kundengruppen zugeschnitten sind. Durch die technischen Möglichkeiten und die großen Datenmengen, welche bei entsprechender Auswertung immer schnellere Analyseergebnisse zur Verfügung stellen, unterliegt vielerorts auch die Preispolitik der Multi-Channel-Dynamik. Anpassung von Preisen in Echtzeit und Preisdifferenzierung nach unterschiedlichen Gesichtspunkten sind die Folgen.

Um erfolgreich mehrere Kanäle zu betreiben, spielt es eine wesentliche Rolle, wie gut diese inhaltlich und gestalterisch aufeinander abgestimmt sind. Die Kundenkontaktpunkte sind so zu optimieren, dass ein konsistentes Erscheinungsbild gewahrt bleibt und das Zusammenspiel dieser verständlich ist. Die Wiedererkennung und das Markenimage spielen eine wesentliche Rolle für die langfristige Kundenbindung.

Das Wheel of Retailing dreht sich weiter, im Lebenszyklus der Betriebsformen entstehen neue Formate als Ergebnis der wachsenden Bedeutung des Onlinehandels und andere traditionelle Geschäftstypen verschwinden. Größere Lagerflächen

© Springer Fachmedien Wiesbaden 2016
R. Jäger, *Multi-Channel im stationären Einzelhandel,* essentials,
DOI 10.1007/978-3-658-13027-5_5

im stationären Bereich werden überflüssig, stattdessen dienen Showrooms zum Kontakt mit den Produkten, welche dann individuell ausgeliefert werden. Erlebnisorientierte Formate rücken die soziale Funktion des Einkaufsbummels in den Vordergrund, individueller Service vor Ort wird zum Erfolgsfaktor. Pop-up-Stores, die nur für kurze Zeit an wechselnden Orten öffnen, und Sharing-Angebote, welche die leihweise Nutzung diverser Produkte ermöglichen, verdeutlichen die herrschende Dynamik und Schnelllebigkeit im Konsum.

Aus diesem Grund müssen Unternehmen die Prozesse ihrer Wertschöpfungskette auf den Prüfstand stellen. Bereichsdenken innerhalb der Organisation sollte abteilungsübergreifendem Handeln weichen. Eine intensive und vertrauensvolle Zusammenarbeit des Handels mit allen Partnern der Lieferkette, vor allem bezüglich des Austauschs von Verkaufsdaten, ist die Voraussetzung, um nicht am Kundenbedarf vorbei zu produzieren und durch effiziente Arbeitsweise wettbewerbsfähig zu bleiben.

Vor allem für kleine und mittelständische Handelsunternehmen ist es schwer, sich in diesem Umfeld zwischen Onlinehandel und großen Multi-Channel-Anbietern zu behaupten. Aufwand- und Nutzenabwägungen finden auf einem ganz anderen Niveau statt. Dennoch gibt es auch für diese Potenziale, um Möglichkeiten des Internets für sich zu nutzen. Innenstädte, besonders im ländlichen Raum, benötigen ein Citymanagement, welches neben dem Einzelhandel auch für alle anderen Akteure wie Gastronomie, öffentliche Einrichtungen, Veranstalter, Vereine und Dienstleister gemeinsame Konzepte zur Belebung der Stadt koordiniert.

Neben den in diesem Essential aufgeführten Chancen, welche die Digitalisierung dem Handelssektor durch die Nutzung verschiedener Vertriebs- und Kommunikationskanäle bietet, sollte aber auch die Kehrseite nicht vergessen werden. Neben dem andauernden Aussterben der Innenstädte im ländlichen Raum werden Themen wie umweltbewusstes und nachhaltiges Wirtschaften, die weiter steigende Informationsüberlastung mit negativen Auswirkungen auf die Gesundheit und das persönliche Miteinander auch im Arbeitsumfeld des Einzelhandels noch zu oft ausgeblendet. Auch hier müssen Antworten gefunden werden, wie Wirtschaft und Gesellschaft mit diesen Herausforderungen umgehen wollen.

Was Sie aus diesem Essential mitnehmen können

- Die Verschmelzung von On- und Offlinekanälen zum „No-Line-Handel" ist die Zukunft im Handelssektor.
- Die Prozesse der Wertschöpfungskette und die Schnittstellen zu Lieferanten müssen konsequent überprüft werden.
- Neue stationäre Konzepte wie Showrooming, Pop-up-Shops, Kombi-Stores, Testgeschäfte und Sharingmodelle werden traditionelle Formate weiterhin verdrängen.
- Auch für Innenstädte im ländlichen Raum bieten diese Trends gute Chancen zur Entwicklung.
- Die Dynamik der politischen, ökonomischen, gesellschaftlichen und technischen Veränderungen steigt immer noch weiter und erfordert Antworten auf die Herausforderungen der Zukunft.

© Springer Fachmedien Wiesbaden 2016
R. Jäger, *Multi-Channel im stationären Einzelhandel*, essentials,
DOI 10.1007/978-3-658-13027-5

Literatur

AGOF (Arbeitsgemeinschaft Online Forschung e.V.). 2015, 6. Anteil der Internetnutzer und Nicht-Internetnutzer in den unterschiedlichen Altersgruppen in Deutschland im April 2015. *Statista*. http://de.statista.com/statistik/daten/studie/72312/umfrage/altersverteilung-der-internetnutzer-in-deutschland/. Zugegriffen: 3. Sept. 2015.

ARD/ZDF-Medienkommission. 2014, 5. Sept. 79 Prozent der Deutschen online. *ARD/ZDF-Onlinestudie 2014*. http://www.ard-zdf-onlinestudie.de/index.php?id=506. Zugegriffen: 20. Mai 2015.

Biermann, Kai. 2011, 8. Juli. Ein Foto kann ein Supermarkt sein. *zeit.de*. ZEIT online GmbH. http://www.zeit.de/digital/mobil/2011-07/homeplus-ubahn-onlineshop. Zugegriffen: 20. Mai 2015.

BITKOM (Bundesverband Informationswirtschaft, Telekommunikation und neue Medien e.V.). 2014, 11. Juni. Smartphones stärker verbreitet als normale Handys. *Bitkom.org*. https://www.bitkom.org/Presse/Presseinformation/Pressemitteilung_4017.html. Zugegriffen: 3. Sept. 2015.

Brüser, Benjamin. o. J. Innovative Konzepte im Einzelhandel: Vodafone und Emmas Enkel. www.vodafone.de. Vodafone GmbH, o. J. http://www.vodafone.de/business/firmenkunden/loesungen/referenzkunden.html?deeplink=emmasenkel. Zugegriffen: 20. Mai 2015.

Burmann, Christoph, und Mike Schallehn. 2008. Die Bedeutung der Markenauthentizität für die Markenprofilierung. Arbeitspapier Nr. 31. Bremen: Lehrstuhl für innovatives Markenmanagement (LiM).

Esch, Franz-Rudolf, et al. 2010. Customer Touchpoints marken- und kundenspezifisch managen. *Marketing Review St. Gallen*. 2: 8–13.

Gabler Wirtschaftslexikon. o. J.a. Residenzprinzip. wirtschaftslexikon.gabler.de. o. J. http://wirtschaftslexikon.gabler.de/Definition/residenzhandel.html?referenceKeywordName=Residenzprinzip. Zugegriffen: 20. Mai 2015.

Gabler Wirtschaftslexikon. o. J.b. Distanzprinzip. wirtschaftslexikon.gabler.de. o. J. http://wirtschaftslexikon.gabler.de/Definition/distanzhandel.html?referenceKeywordName=Distanzprinzip. Zugegriffen: 20. Mai 2015.

Gittenberger, Ernst, und Christoph Teller. 2012. Betriebstypen des Handels – Begrifflichkeiten, Typologisierung und Entwicklungslinien. In *Handbuch Handel*, Hrsg. Jochim Zentes, et al. 2. vollst. überarb. Aufl. Wiesbaden: Springer Gabler.

© Springer Fachmedien Wiesbaden 2016
R. Jäger, *Multi-Channel im stationären Einzelhandel*, essentials,
DOI 10.1007/978-3-658-13027-5

Gruber, Tobias, und Mathias Stüben. 2013. Pricing Research und Preis-Absatz-Funktionen bei Otto (GmbH & Co KG). In *Retail Business - Perspektiven, Strategien, Erfolgsmuster*, Hrsg. Hans-Christian Riekhof. 3. überarb. und erw. Aufl. Wiesbaden: Springer Gabler.

Haufe Online Redaktion. 2015, 13. April. Kunden wollen Zusammenspiel von offline und online. *haufe.de*. http://www.haufe.de/marketing-vertrieb/vertrieb/handel-kunden-wollen-offline-und-online_130_300226.html. Zugegriffen: 9. Mai 2015.

HDE (Handelsverband Deutschland – HDE e. V.). 2014, 11. E-Commerce-Umsätze. *einzelhandel.de*. http://www.einzelhandel.de/index.php/presse/zahlenfaktengrafiken/item/110185-e-commerce-umsaetze. Zugegriffen: 20. Mai 2015.

Hefner, Eva-Maria. 2010. Mit dem Kunden zum Erfolg – Customer Touchpoint Management als Strategie. *Marketing Review St. Gallen* 27 (2): 27–31.

Heimann, Alessandra. 2014, 28. April. Channel-Hopping während des Kaufprozesses. *digital-business-ch.blogspot.de*. http://digital-business-ch.blogspot.de/2014/04/multi-channel-management.html. Zugegriffen: 20. Mai 2015.

Heinemann, Gerrit. 2015. *Der neue Online-Handel - Geschäftsmodell und Kanalexzellenz im Digital Commerce*. 6. Aufl. Wiesbaden: Springer Gabler.

Heinemann, Gerrit. 2011. *Cross-Channel Management – Integrationserfordernisse im Multi-Channel-Handel*. 3. vollst. überarb. Aufl. Wiesbaden: Springer Gabler.

Hell, Mathias. 2015, 16. April. Viele Online-Händler setzen auf das Stationärgeschäft. *channelpartner.de*. http://www.channelpartner.de/a/viele-online-haendler-setzen-auf-das-stationaergeschaeft,3045138. Zugegriffen: 18. Juli 2015.

Hoffmann, Kerstin. 2015. *Web oder stirb! Erfolgreiche Unternehmenskommunikation in Zeiten des digitalen Wandels*. Freiburg: Haufe.

IFH Köln. 2014, 4. Umsatz im stationären Handel und im Online-Handel in Deutschland im Jahr 2013 und Prognose für 2020. *ifhkoeln.de*. http://de.statista.com/statistik/daten/studie/295622/umfrage/umsatzprognose-im-stationaeren-handel-vs-online-handel-in-deutschland. Zugegriffen: 20. Mai 2015.

IFH retail consultans GmbH. 2014a. Stationärer Handel. *ifhkoeln.de*. http://www.handelswissen.de/data/handelslexikon/buchstabe_s/stationaerer_Handel.php. Zugegriffen: 18. Mai 2015.

IFH retail consultans GmbH. 2014b, 23. Sept. IFH-Studie: Online-Handel knackt die 40-Milliarden-Grenze. *ifhkoeln.de*. http://www.ifhkoeln.de/News-Presse/IFH-Studie-Online-Handel-knackt-die-40-Milliarden-Grenze–we. Zugegriffen: 2. Juli 2015.

Lerchenmüller, Michael. 2014. *Handelsbetriebslehre*. 5. komplett überarb. und akt. Aufl. Herne: Khiel NWB Verlag.

Meffert, Heribert. 2000. *Marketing – Grundlagen marktorientierter Unternehmensführung*. 9. überar. und erw. Aufl. Wiesbaden: Gabler.

Meffert, Heribert, Christoph Burmann, und Manfred Kirchgeorg. 2012. *Marketing – Grundlagen marktorientierter Unternehmensführung*. 11. überarb. und erw. Aufl. Wiesbaden: Springer Gabler.

Mehanna, Walid, und Chris Marcus Rabe. 2014. Big Data in der Konsumgüterindustrie: Kunden verstehen, Produkte entwickeln, Marketing steuern. In *Controlling in der Konsumgüterindustrie*, Hrsg. M. Buttkus und R. Eberenz. Wiesbaden: Springer Gabler.

Mei-Pochtler, Antonella und Markus Hepp. 2013. Die neu Welt des Handels. In *Retail Business: Perspektiven, Strategien, Erfolgsmuster*, Hrsg. Hans-Christian Riekhof. 3. überarb. und erw. Aufl. Wiesbaden: Springer Gabler.

Müller-Hagedorn, Lothar, und Martin Natter. 2011. *Handelsmarketing*. 5. aktualisierte und überarbeitete Aufl. Stuttgart: Kohlhammer.

Planung & Analyse (Zeitschrift für Marktforschung und Marketing). 2014, 24. Sept. Online Recherche als Vorbereitung für offline Shopping. planung-analyse.de. kaufDA in Zusammenarbeit mit der Hochschule Niederrhein. http://www.planung-analyse.de/news/studien/pages/protected/Online-Recherche-als-Vorbereitung-fuer-offline-Shopping_8466.html. Zugegriffen: 3. Sept. 2015.

Reichheld, Frederic F., und W. Earl Sasser. 1990, Sept.-Oct. Zero Defections – Quality Comes to Service. *hbr.org*. https://hbr.org/1990/09/zero-defections-quality-comes-to-services/ar/1. Zugegriffen: 17. Juli 2015.

Schramm-Klein, Hannah. 2012. Multi-Channel-Retailing – Erscheinungsformen und Erfolgsfaktoren. In *Handbuch Handel*, Hrsg. Zentes, et al. Wiesbaden: Springer Gabler.

Schuster, Harald, und Konstanze Fichter. 2015. Smart Insights liefern Erklärungen. *absatzwirtschaft*. absatzwirtschaft Kompakt. 06.

Schwerdt, Yvette. 2013, 26. Feb. Multi-Channel, Cross-Channel und Omni-Channel Retailing. http://schwerdtblog.absatzwirtschaft.de. http://schwerdtblog.absatzwirtschaft.de/2013/02/26/multi-channel-cross-channel-und-omni-channel-retailing/. Zugegriffen: 20. Mai 2015.

Sohl, Timo, und Thomas Rudolph. 2012. Formatdiversifikation: Strategien und Erfolgswirkung. In *Handbuch Handel*, Hrsg. Joachim Zentes, et al. 2. vollst. überarb. Aufl. Wiesbaden: Springer Gabler.

Stiller, Gudrun. 2015. Multi-Channel-Marketing. Wirtschaftslexikon24.com. http://www.wirtschaftslexikon24.com/d/multi-channel-marketing/multi-channel-marketing.htm. Zugegriffen: 20. Mai 2015.

Wirtz, Bernd W. 2013. *Multi-Channel-Marketing*. 2. akt. und überarb. Aufl. Wiesbaden: Springer Gabler.

Zentes, Joachim. 2012. Vertikale Integration. In *Handbuch Handel*, Hrsg. Joachim Zentes, et al. 2. vollst. überarb. Aufl. Wiesbaden: Springer Gabler.